KB154332

신대리의 소 · 공 · 성

Contents

등장 인물

신대리
(수미)

30대 중반의 싱글. 홀어머니와 딸만 세 명 있는 가정의 장녀로서 아버지를 대신해서 가장 역할을 하고 있다. 남자와 잘 사귀지 못해 데이트도 지지부진하다. 회사에서는 성실하게 열심히 일해서 제일 먼저 대리로 진급했다. 하지만 상사와 다른 직원 간의 문제에 어려움을 느끼고 있다. 기관지와 호흡기가 약해서 담배 냄새에 민감하게 반응하는 편이다.

수미엄마

일찍 남편을 여의고 어려운 살림에 딸들을 잘 키우려고 애를 쓰고 있다. 가난으로 인한 마음의 상처가 있다. 수치심으로 마음 고생을 많이 하고 자존감이 낮은 편이다.

나과장 (강모)

나중에 팀장으로 승진해서 나팀장으로 불린다. 외동아들로 자라나서 하고 싶은 일들을 자유롭게 해 왔다. 다른 사람을 배려하기보다 자신의 생각을 앞세우는 성격이다. 이름 그대로 성격이 강하나 매우 모범적이고 바른 사람이다.

선희

신대리(수미)의 가장 친한 친구. 결혼해서 가정을 이루고 두 명의 자녀가 있다. 신대리의 결혼이 늦어지는 것을 가장 안타깝게 여기고 걱정해 준다.

신대리(수미)와 선희의 친구. 사범대학을 졸업하고 임용고시에 합격해서 중학교 선생으로 재직 중이다. 아직 결혼은 하지 않은 싱글이다.

하영

선희엄마와
경자엄마

두 사람은 오랫동안 친하게 지내온 사이. 모바일 선물로 오해가 생겨 관계가 멀어지고 소원해졌었다. 다행히 나중에 화해하고 다시 친밀한 사이로 지내게 된다.

박사연

신대리(수미)의 팀원으로 맡겨진 일에 묵묵히 성실하게 일하는 직원이다. 야근이나 주말 근무를 전혀 하지 않아 오해를 받는다. 홀어머니와 여동생과 함께 살고 있다. 내성적이고 과묵한 성격이라 자신의 사정을 말하지 않는다.

오랜 취준생활을 마치고 나팀장(강모) 회사에 입사했다. 열심히 일하고 성실하다. 하지만 거절을 잘 하지 못해서 많이 고통 받고 있다.

김진호

근무하는 회사 대표가 몰인정하다고 생각해서 회사에 적응하기 힘들어한다. 기회가 되면 이직할 마음까지 가진 상태에서 「소공성」 교육에 참여하게 된다.

정미

2016년도 UN의 세계행복보고서에 의하면 덴마크가 행복지수 1위로 나타났다. 이에 반해 우리나라는 156개국 중 58위였다. 1위에서 10위는 거의 전부가 북유럽국가이다. 매년 발표되는 행복지수를 보면 우리나라는 늘 50위권에 머물러 있다. 덴마크 사람이 행복한 이유는 '공감 능력' 때문이라고 한다. 높은 수준의 공감 능력은 사회적 관계를 향상시키고 이는 곧 행복지수 상승효과로 이어졌다는 분석이다. 그렇다면 우리나라도 행복지수가 높아지려면 '공감 능력'을 향상시키는 교육이 필요하다고 생각했다.

인간은 거울신경이 있어서 기본적으로 공감하는 능력이 있다. 하지만 높은 수준의 공감 능력은 연습과 훈련으로 생긴다고 한다. 주위에 공감을 잘하는 사람이 있으면 저절로 습관이 되기도 한다. 북유럽 국가들은 오래 전부터 공감 교육의 중요성을 알고 교육해 왔다. 가정에선 부모를 통해, 학교에선 선생님을 통해 자연스럽게 공감 능력을 키울 수 있었다. 이러한 선순환이 공감 능력을 향상시키고 그 나라를 행복하게 만들었을 것이다.

덴마크는 학생들에게 10년 동안 'Step by Step'이라는 교육을 시킨다. 소통하고 공감하는 능력을 키우는 게 목표이다. 일주일에 한 시간 정도 수업을 하며 그 내용은 감정카드 수업, 고민해결 수업 등이라고 한다. 현재 우리나라도 많은 교육기관들이 여러 가지 방법으로 이와 유사한 수업을 하고 있다. 그런데 이론 위주의 교육은 공감 능력을 키우지 못한다. 그래서 실제 삶에 적용하고 소통하고 공감하는 능력을 키우는 교육이 필요하다고 생각했다.

「소공성」(소통과 공감으로 만드는 성공적인 행복한 인생)은 이러한 취지로 만들어진 교육이다. 이 교육과정은 세 가지 방법으로 진행되고 각각 약 한 시간씩 시간을 할애한다. 첫째는 한주간의 감정 나눔, 둘째는 교육, 그리고 셋째는 실습을 위한 워크숍과 게임이다.

이 외에도 교육에 참가하는 분들은 온라인으로 세 가지 마음 나누기를 한다. 매일 일어나는 감사표현, 마음표현, 감정표현을 서로 나누고 공감을 주고받는다. 이렇게 나눔과 교육과 실습을 하다 보니 실제적인 공감 능력이 향상되었다고 한다.

첫 번째 과정은 감정 나눔인데 감정카드를 이용해서 한

주간의 삶을 나누는 시간을 가진다. 이러한 나눔을 우리는 "Good & Bad"(좋았던 일과 나빴던 일)라고 한다. 감정카드를 이용하기 때문에 자연스럽게 자신의 감정과 삶을 나눌 수 있다. 이 나눔의 중요성은 감정해소와 마음의 상처 치유이다.

* 감정은 무의식의 마음의 상태를 의식의 세계로 연결하는 역할을 한다.

* 의식의 세계로 나온 감정은 인식하고 표현하고 이해되면, 해소된다.

* 처리되지 않은 감정은 잠재의식 속에 남아서 자기를 알아달라고 떼쓴다.

대가족 시대에는 부부나 부모자식 간에 소통이 안 되어도 대화를 나눌 상대가 있었다. 조카, 동서, 삼촌, 이모, 고모, 사촌, 형제자매, 할머니, 할아버지 등. 그러나 핵가족화가 되면서 소통의 어려움을 겪게 되었다. 부부간에 대화가 안 되면 그 마음과 감정을 나눌 상대가 없다. 자녀들의 경우는 더 심각하다. 부모님과 소통하지 못하고 공감 받지 못하면 아이들은 많은 스트레스를 받고 처리되지 않은 감정은 아이들의 정신건강에 악영향을 미친다. 그리고 현대에는 사생활 보호로 이웃 간에도 대화가 어렵다. 그렇다면 누구와 마음을 나누며 친밀해지고 싶은 욕구를 충족시킬 수 있을까?

서로 소통할 수 있는 기회와 통로가 필요하다. 이러한 필요를 만족시키기 위해 처음 한 시간 동안 한주간의 삶을 나눈다. 이 나눔은 마음의 문을 열게 해주고 막힌 감정을 해소하는 역할을 한다. 「소공성」 교육을 방송할 때도 첫 시작은 함께하는 PD들과 Good & Bad를 나눈다. 이 나눔의 중요성을 잘 알고 있기 때문이다.

두 번째 과정은 교육인데 이를 통해 적절한 소통과 공감 방법과 노하우(know-how)를 알아간다. 교육의 내용은 가정이나 사회생활에 필요한 여러 가지 대화 방법과 공감의 지혜로 이루어진다. 감정 해소 방법, 나-전달법, 공감, 어려운 대화를 풀어가는 공감의 지혜, 자기주장 방법, 경계선 대화 방법, 거절의 지혜, 칭찬 방법, 실수나 잘못을 올바로 해석하기, 비난에 대처하는 방법, 비난의 화살 피하기, 감정의 뇌 이해하기, 수치심 치유이다. 이 방법들은 일상에서 만나는 오해와 갈등을 해결하는 데 꼭 필요한 지식이자 기술들이다. 그리고 대화 방법을 알고 있어도 감정이 상하면 마음에 여유가 없어지고 공감도 힘들어진다. 그래서 감정을 조절해서 마음을 지키는 방법들도 교육내용에 포함시킨다. 올바른 감정 조절 방법과 단계별 전략, 그리고 핵심감정의 인지치료, 그리고 마음의 상처 치유이다.

세 번째로 실습을 위한 워크숍과 게임이다. 이론을 기초로 실습을 하면서 실제 삶에서 적용할 수 있도록 한다. 교육내용을 게임과 워크숍으로 만들었기 때문에 재미있고 역동적으로 교육에 참여할 수 있다. 이 중에서 많은 내용은 다른 모임에서 사용할 수도 있어서 유용하다.

이 교육을 받은 분들은 이 교육이 실제적이고 좋아서 많은 분들에게 알리고 싶다고 했다. 또한 더 많은 분들이 이 교육을 통해 소통하고 공감하는 능력을 키우면 좋겠다고 추천했다. 그리고 우리 사회 전반에 소그룹 모임으로 자리매김을 해야 한다고 말했다. 이러한 피드백과 그분들의 요청으로 「소공성」 교육 내용을 알려드리기 위해 이 책을 쓰게 되었다. 그분들의 피드백을 모아서 정리해보면 다음과 같다.

* 감정카드를 이용한 삶의 나눔을 통해 감정이 해소되어 마음이 편안해졌다.
* 마음의 문이 열리니 친밀해지고 마음의 상처가 치유되었다.
* 소통과 공감 능력 향상으로 일상의 많은 갈등을 잘 해결할 수 있었다.
* 워크숍과 게임이 재미있어서 다른 모임에서 사용할 수 있어서 유용했다.
* 비난에 대처하는 능력이 생겼고 수치심도 치유되어서 자존감이 높아졌다.
* 감정 조절, 거절과 경계선 대화를 통해 건강한 관계를 만들게 되었다.

『신대리의 소공성』(소통과 공감으로 만드는 성공적인 행복한 인생)은 신대리(수미)가 회사에서 직원들과의 관계와 데이트의 어려움을 「소공성」 교육을 통해 해소해 가는 모습을 그리고 있다. 그녀는 교육과 상담을 통해 배운 내용을 실제 삶에서 적용하며 깨우쳐간다. 스토리텔링 형식으로 되어 있어서 부담 없이 재미있게 읽을 수 있다. 그러면서 소통하고 공감하는 방법과 지혜를 배우게 된다. 누군가가 한 말이 생각난다.

"대화가 열리면 관계가 열린다."

올바른 대화 방법을 갖추게 되면 건강한 관계를 만들어 갈 수 있다. 공감 능력은 수많은 오해와 갈등을 풀어갈 수 있게 만든다. 물고기가 물 없이 살 수 없듯이 인간은 인간관계를 떠나서는 살 수 없다고 한다. 많이 공감되는 말이다. 인간관계를 잘 풀어가려면 소통과 공감 능력이 필요하다.

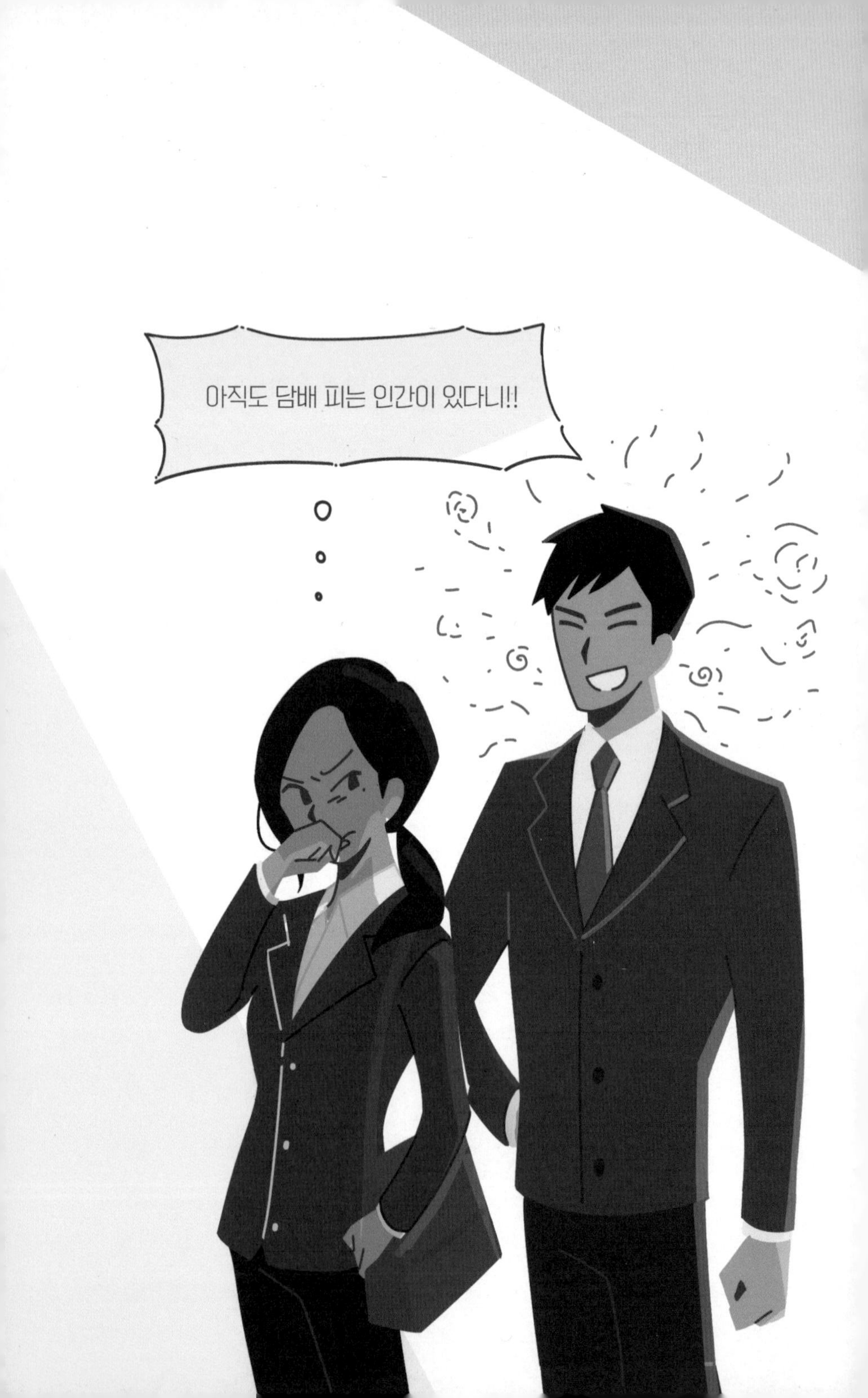
아직도 담배 피는 인간이 있다니!!

1부

감정이 풀리면 문제가 풀린다

01 삐죽삐죽 올라오는 감정

새로운 팀

설렘과 기대감으로 어제 밤은 한 숨도 자지 못했다. 그래도 아침에는 전혀 피곤한 줄 몰랐다. 오늘이 대리로 진급하고 첫 출근 날이기 때문이다. 아침을 먹는 둥 마는 둥 대충 때우고 나서 부지런히 준비해서 회사로 출근했다.

신대리는 1년 동안 20여 군데 회사에 지원했으나 떨어졌다. 그러다가 치열한 경쟁을 뚫고 이 회사에 입사했다. 어렵게 들어온 회사라서 '수미'는 더 열심히 일했다. 그 결과로 회사에서 인정받기 시작했다. 그러던 중 회사에서는 미개척 분야로 새롭게 사업을 확장하려는 계획이 세워졌다. 새로운 팀을 만들어서 시장을 개척하는데 거기에 맞는 적절한 팀원을 골라야 했다. 그래서 팀장으로 영업을 잘하는 김과장이 배정되었다. 다음으로 김과장을 보좌할 대리를 선정하면서 기존의 대리보다는 '빅데이터'(big data)를 통한 시장 분석 능력이 뛰어난 신수미가 적격이라고 판단했다. 그녀는 데이터 안에 숨겨진 의미 있는 패턴을 찾아내고 이를 기반으로 미래를 예측하는 데 뛰어났기 때문이다. 그래서 특별히 대리로 승진시키면서 김과장의 부사수로 일하게 했다.

'수미'는 입사동기생 중에서 가장 먼저 대리로 진급하는 영예를 얻었다. 사수로 배정된 김과장에게서 영업을 배울 수 있을 것 같아 기쁘고 기대되었다. 수미는 입사할 때부터 영업을 하고 싶었다. 언젠가 자기 사업을 하려면 영업을 알아야 한다고 생각해서였다. 여성의 섬세함과 부드러움을 통해서 관계 영업의 새로운 모습을 보여주리라 꿈꿔 왔다.

대리로 첫 출근, 새로운 팀과의 만남. 기대되는 마음으로 새로 배정된 사무실로 들어섰다. 출근 시간보다 30분 일찍 도착했는데도 벌써 김과장과 팀원들이 먼저 와 있었다.

"안녕하세요. 저보다도 더 일찍들 나오셨네요. 반갑습니다. 저는 신수미입니다."

그러자 김과장도 반갑게 맞아주었다.

"어! 신대리 어서 와요. 진급 축하하고 앞으로 함께 잘해봐요."

"네, 저도 잘 부탁드립니다. 열심히 하겠습니다."

인사를 하고 김과장에게 다가서던 신대리, 순간 얼굴이 찡그러졌다.

"뭐, 잘못된 것 있어? 갑자기 왜 그래!"

"아! 아무 것도 아니에요. 잠시 안 좋은 생각이 떠올라서요. 미안합니다."

"그래! 자, 오늘 첫날이니까 먼저 앞으로의 계획을 세워나가면 좋을 것 같아요. 급한 일들 정리하고 잠시 후 10시부터 팀 회의를 하자고! 신대리가 준비 좀 해줘."

"네!"

신대리가 김과장에게 다가갔을 때 찌든 담배 냄새가 났다. 무의식적으로 순간 얼굴이 찡그러졌다. 기관지가 약한 신대리는 냄새에 민감했다. 특히 담배 냄새는 아주 싫어했다. 김과장에게 그런 냄새가 나자 순간 불쾌했고 얼굴이 찡그러졌다. 승진의 기쁨과 새로운 팀원들과의 만남으로 설레였던 마음이 고통으로 변하기 시작했다. 신대리 자리도 김과장 바로 옆이어서 계속해서 담배 냄새가 났다. 일단 신대리는 마음을 다스려 안정을 취하기로 했다. 스스로 자기 최면을 걸었다. '괜찮아. 담배 냄새는 참을 수 있어. 좋아서 담배 피우는 사람들도 있는데 뭐…. 나는 괜찮아.' 하지만 생각대로 마음이 편안해지지는 않았다. 괜찮아질 거야 하고 마음을 다잡아 보았지만 생각대로 잘 되지 않았다. 기대감과 고통이 뒤섞여 첫날은 정신없이 지냈다. 퇴근하면서 신대리는 담배 냄새는 적응되면 차차 참을 수 있을 것이라 생각했다. 그리고 새로운 업무에 집중해서 성과를 이루어 내야 되겠다고 마음먹었다.

다음 날부터 신대리는 남들보다 한 시간 더 일찍 출근했다. 데이터를 분석하고 매일 새로운 기획안을 작성해야 하기 때문이었다. 그리고 계속 마음속으로 '담배 냄새는 견딜 수 있어. 괜찮아. 김과장이 출근하면 "안녕하세요." 반갑게 맞아야지.'하고 다짐했다. 그러나 김과장에게서 담배 냄새가 나면 자동적으로 얼굴이 찡그러지고 아침 인사도 할 수 없었다. 이렇게 회사에서의 시간은 흘러갔다.

다행스럽게도 새로운 팀은 점차 자리를 잡아가고 있었다. 신대리의 빅데이터 분석을 기반으로 김과장의 좋은 기획과 영업능력이 잘 어우러져서였다. 팀원들도 나름 우수한 직원들이어서 새로운 팀에 잘 적응하고 노력 한 덕분이었다.

다만 신대리는 개인적으로 담배 냄새로 고통이 점점 심해져가고 있었다. 컨디션이 좋지 않은 날은 자기 마음을 몰라주는 김과장이 원망스럽기도 했다. '내가 담배 냄새로 이렇게 고생하는데 그것도 몰라주네. 정말 괴로워.' 김과장이 전날에 술을 과하게 먹고 헝클어진 모습을 보일 때면 추저분하다는 느낌도 들었다. 날이 갈수록 김과장 옆자리에서 일하는 게 고역이 되었다. '어떻게 저런 사람이 영업을 잘할까'하는 의구심도 생겼다. 1년쯤 지나면서는 참는 데 한계를 느끼기 시작했다. 김과장이 다른 부서로 옮겨갔으면 하는 바람이 생겼다. 그렇게 안 되면 다른 부서로 옮겨달라고 부탁해야겠다고도 생각했다.

남자친구

신대리는 아직 사귀는 남자친구가 없었다. 형제는 없고 세 자매만 있는 집에서 자랐고 여자 중·고등학교를 다녔다. 그래서인지 여자친구들은 편한데 남자들에게는 불편함을 느꼈다. 그리고 집안 형편이 어려워서 고등학교를 졸업하자마자 대학에 진학하지 못하고 직장에 근무했다. 대학 시절을 통해 데이트도 해보고 남자들과 자연스럽게 사귈 수 있는 기회가 없었다. 그러다 보니 남자들 앞에 가면 약간 긴장되고 떨려서 자연스럽게 행동하지 못하고 말도 잘 안 나왔다. 그래서인지 대화도 잘 못하고 대하는 것도 어색해서 소통이 잘 안 되었다.

특히 호감이 있으면 더더욱 단답형으로 대답했다. 마음에 드는 남자 직원이 웃으면서 "식사 맛있게 하셨어요?"라고 인사하면, 자신의 마음을 들키지 않으려고 정색을 하며 "네"라고만 말하는 식이었다. 이런 식으로 마음에 드는 남자가 있어도 자연스럽게 가까워질 기회를 놓쳤다. 대화할 기회가 없다 보니 상대가 어떤 성품의 남자인지, 어떤 가치관을 가지고 있는지 알 수 없었다.

20대 중반에 꽤 오랫동안 친밀하게 사귀었던 남자친구가 있었다. 결혼까지도 생각하고 진지하게 연애를 했었다. 하지만 어떤 사건으로 크게 다투고 헤어져 마음에 상처를 입었다. 그 후로는 소개팅으로 데이트를 몇 번 해 봤지만 대부분 오래가지 않아 갈등이 생기고 서로 상처만 남기고 헤어지곤 했다.

가끔 친구가 소개팅 시켜준다고 했을 때, 뭔가 조건이 맞지 않으면 안 만나겠다고 하는 경우가 있다. 그러면 친구는 "빨리 결혼해야 하는데 왜 그렇게 눈이 높냐!"고 핀잔을 주기도 했다. 이 말이 '지금 그 나이에 뭘 고르냐? 그러니까 결혼을 못하지'라고 비난한다고 생각돼서 화가 나기도 했다. 그러면 그 친구와 만나는 게 부담이 돼서 거리를 두곤 했다. 친척이나 알고 지내는 분들도 만나기만 하면 결혼 언제 할거냐고 물어보곤 했다. 엄마는 결혼 타령을 하면서 걱정했다. 이제는 결혼이야기만 해도 "알아서 할 거니까 그만 잔소리 해." 하면서 말을 못하게 했다.

결혼한 친구를 만나면 부러웠다. 특히 돌잔치나 결혼식을 다녀온 날은 너무 외롭고 쓸쓸했다. 그리고 '나는 결혼을 못할 것 같아. 사랑받지 못할 거야. 행복한 가정을 이룰 수 없을 거야'라는 부정적인 생각이 들기도 했다. 그러면 자존감도 떨어지고 우울하고 허전하기만 했다.

기분이 좋은 날은 '나는 결혼할 수 있어. 내 짝은 예비 되어 있어.'라고 스스로 위로하기도 했다. 어떤 때는 '결혼을 꼭 해야 하나?' 싶기도 했다. 하지만 30이 넘어 나이가 들어가면서 친구들이 하나 둘 결혼하기 시작하자 옆구리 한구석이 휑하니 뚫린 것 같이 허전함을 느끼게 되었다. 그럴 때면 외로워서 더욱더 일에만 열중했다.

엄마는 일에만 전념하는 딸이 안타까워서 틈만 나면 잔소리를 했다. 저러다가 혼기를 놓치면 어쩌지 하는 걱정도 늘어갔다. 엄마는 딸 셋 중에서 첫째인 수미에게 가장 안타깝고 측은한 마음이 들었다. 집안이 어려워서 수미가 대학을 포기하고 직장에 갈 때 얼마나 울었는지 모른다. 맏이로 태어나 이런저런 집안 일 뿐 아니라 부모를 대신해서 동생들도 잘 키워준 딸이었다. 공부도 남들 못지않게 잘해서 괜찮은 대학도 들어갈 수 있었는데 집안 사정으로 못 보냈다. 그래서인지 수미만 보면 엄마는 가슴이 찢어지는 아픔을 느끼곤 했다. 그래도 수미는 직장을 다니면서 스스로 야간대학과 대학원까지 졸업했다. 딸이 너무 대견했다. 그래서 딸이 좋은 사위를 맞이해서 결혼생활이라도 잘 해주길 바라는 마음이 컸다. 어디를 가든지 열심히 사윗감을 소개시켜 달라고 말했다. 그러다가 매월 한 번씩 만나는 친구들 모임에서 크게 창피함을 느꼈다. 그 후로는 소개해 달라는 요청을 못하게 되었다. 그 사건은 이랬다.

친구 모임에서 여느 때처럼 좋은 총각 있으면 소개 시켜 달라고 말했다. 그때 다른 친구도 자기 딸을 소개시켜 달라고 했다. "우리 딸도 좀 소개시켜줘. 이번에 이탈리아에서 유학하고 돌아와. 바이올린을 전공했어. 한국에선 이화여대 나왔어. 자기 딸은 어느 대학 나왔어?" 이 질문에 수미 엄마는 할 말을 잊었다. 명문 대학을 나오고 이탈리아 유학까지 마치고 온 친구 딸과 비교가 되어서였다. 자기 딸은 대학을 다니지 못하고 만학도로 야간대학을 나왔다고 말하기가 창피했다. 순간 그 자리를 피해야겠다는 생각이 들었다. 짐짓 전화 온 것처럼 핸드폰을 들고 말했다. "어, 그래. 지금 친구들 모임 중이야. 잠깐 밖으로 나가서 전화 받을게." 친구의 질문에 대답을 피하면서 밖으로 나갔다.

'학벌이 달리는데 좋은 총각을 소개시켜 달라고 하는 게 말이 되냐?' '주제 파악 좀 해!'라고 친구들이 비난할 것만 같았다. 그렇게 되면 딸 뿐 아니라 자신도 업신여길 것 같은 생각이 들었다. 마치 절대 들켜서는 안 되는 사실을 누군가 콕 찍어서 질문한 것 같아서 얼굴이 화끈거렸다. 한참을 밖에서 서성거렸다. 어느 정도 시간이 흐른 후에 다른 이야기로 바뀐 것 같을 때 다시 안으로 들어갔다.

이 일 후로는 다른 사람들에게 좋은 총각 소개시켜 달라는 말을 못하게 되었다. 사실 수미 만큼 엄마가 자랑하고 싶은 딸도 없었다. 집안일도 잘하고 부모를 이해하는 효녀이다. 일을 해서 동생들 학비도 도와주고 대학과 대학원도 스스로 학자금을 마련해서 공부했다. 그리고 일도 잘해서 직장에서도 인정받는다. 체력도 강하고 자립심도 있고 상황을 이겨내는 인내심도 있었다. 공부면 공부, 일이면 일, 외모면 외모 어디에 내놓아도 손색이 없었다. 이런 딸을 창피해서 소개 못하는 자신이 정말 어이도 없고 한심스러웠다. 그리고 딸에게 큰 죄를 지은 것 같고 미안하기도 했다. 그러다가 딸이 30을 넘어서 중반이 되자 결혼이 안 되면 어떡하지 하는 걱정이 커졌다. 그러한 불안과 걱정으로 딸에게 틈만 나면 잔소리를 했다.

"너는 언제 결혼할 거니?"

"결혼도 생각하면서 회사일 해라. 여자는 나이가 경쟁력이다."

"남들은 연애도 잘하고 결혼도 잘하더라."

"네가 상처가 많아서 그렇다. … 네 성격을 고쳐야 한다."

"옷을 칙칙하게 입지 말고 세련되고 화사한 걸 입고 화장도 예쁘게 하고 꾸미고 다녀야 한다."

"커플 맺어주는 프로그램 같은 거라도 알아 봐라."

신대리는 입사해서는 회사 일이 재미있고 보람을 느껴 결혼 생각은 뒷전이 되었다. 그러다 보니 벌써 나이는 30대 중반이 되었다. 새로운 부서 일이 어느 정도 익숙해지고 정리되면서 결혼에 대한 마음이 생기기 시작했다. 그러던 차에 잘 아는 선배가 남자를 소개해줬다. 남자는 자기를 이렇게 소개했다.

"안녕하세요. 반갑습니다. 제 이름은 나강모입니다. 회사에서는 영업팀 과장으로 있어요. 강직하고 모범적인 삶을 살라고 부모님이 지어줬어요. 실제 제 성격도 그런 것 같아요. 제가 강직하다 보니 강한 여성은 별로입니다."

"네. 그러시군요. 저는 신수미라고 해요. 회사에서 데이터 분석하고 계획하는 일을 하고 있어요."

이렇게 소개를 마치고 서로에 대해서 이야기하고 탐색을 해 나갔다. 신대리는 첫인상은 별로였지만 나름 사정이 있어 결혼이 늦었다고 생각돼서 몇 번 더 만나기로 했다.

나과장은 신대리가 자기주장이 세고 바쁜 척하고 도도하고 차가운 여자라는 생각이 들었다. 직접 확인도 했다. "자기주장 강하시죠? 커리어우먼 스타일이시네요." 그리고 소개팅만으로 만남을 끝내려고 했다. 그런데 헤어질 때쯤 수줍게 웃는 수미의 모습을 보고 살짝 마음이 움직였다. 다른 면이 있을 수도 있겠다고 생각이 들어서였다.

일주일 후 두 번째 만났다. 두 번 만나고 나니까 서로 서먹서먹한 기분도 좀 해소되고 조금씩 관심도 생기기 시작했다. 서로가 바쁜 직장생활을 해야 하기 때문에 자주 만날 수 없었다. 주로 카톡으로 대화를 나눴는데 이 카톡 대화가 서로의 갈등을 깊어지게 했다. 신대리는 근무 중에는 카톡을 잘 하지 않는다. 밤에 한꺼번에 몰아서 답문을 보내곤 했다. 그리고 자기와 의견이 안 맞으면 답문을 보내지 않는다. 그래서 상대는 답답해하고 불편해한다. 이로 인해 많은 오해도 불러일으켜서 갈등의 원인이 되곤 했다.

나과장은 신대리와 소통이 잘 안 돼서 많이 답답하고 괴로웠다. 언젠가 신대리와 다시 만나려고 언제 시간이 되는지 문자로 물어본 적이 있었다.

"다음 주 언제 시간되세요?"

7시간이나 지나서 답문이 왔다.

"월수금은 안되고 화목 시간 돼요."

늦어서 미안하다는 사과의 말도 없고 물음에 답만 하는 건조한 답문에 언짢아졌다.

또 언젠가는

"영화 어떤 거 볼까요?"라고 문자를 보냈다. 그런데 이번에는 답문이 빨리 왔다.

신대리는 자신이 영화를 고르라고 해서 미음이 들떴다. 평소에 보고 싶었던 영화들도 있어서 신중하게 영화 세 가지를 선정해서 보냈다.

"저는 가족이나 연애 이야기 그리고 작품성이 있는 영화를 좋아해요. 그래서 지금 상영되고 있는 XX나 ZZ나 YY 이런 영화 봐요"

그런데 나과장에게서 자신이 선정한 영화에 대해 공감도 없이 자기 의견만 알리는 듯한 답장이 왔다.

"그런 따분한 주제를 다룬 영화 말고 지금 OO(액션영화) 하는데 그거 보러 갈까요?"

그 순간 신대리는 무시당한 것 같이 생각되었다. '자기가 보고 싶은 게 있으면 그 영화 보러 가자고 하지 왜 나한테 물었어? 그리고 애써 영화를 선정해서 알려줬더니 뭐! 따분한 주제라고! 흥.' 자신을 배려하지 않는 것 같아 기분이 나빠졌다. 이렇게 기분이 상하자 영화도 별로 내키지 않아 답장도 하지 않고 다른 일에 집중했다. 그런데 그게 몇 시간이 흘렀다. 답장이 없자 나과장은 답답해서 직접 전화를 했다.

"수미씨 왜 이렇게 답장이 늦으세요. 아하! 화났어요? 그냥 농담이었어요."

"네 알았어요."

그리곤 서로 더 이상의 대화는 없었다. 이런 식의 답답하고 배려 없는 소통이 이어지자 두 사람 모두 서서히 헤어지는 게 좋겠다고 생각되었다.

어느 화요일 오전, 나과장은 업무를 처리하고 잠시 커피타임 때 불현듯 그녀가 사는 동네가 '서울숲' 근처라고 들은 기억이 났다. 다음에는 그곳에서 만나면 좋을 것 같다는 생각이 들었다. 카톡으로 문자를 보냈다.

"안녕하세요! 자주 만나 뵙고 싶은데, 서로가 바빠서… 다음 주 시간 날 때 함께 수미씨 집근처 '서울숲'에서 만나면 어떨까 생각했어요. 확인해주세요."

역시나 오후 내내 아무런 응답이 없었다. 답답했지만 일이 바빠서 못 보았을 수도 있다고 생각했다. 그날 저녁 늦게 답문이 왔다.

"문자 주셨네요. 제 부서가 새로 만들어진 팀이라 일이 많네요. 지금은 확답이 어려워요. 미안합니다."

좀 늦어서 살짝 기분이 상했지만 답문이 와서 안심되었다. 약속을 잡지 못해 안타까움도 있었지만 '바빠서 그런 거니까.'라고 스스로를 위로했다.

그러다가 토요일 점심 때 쯤 마침 '서울숲' 근처를 지나갈 일이 생겨서 혹시나 하고 문자를 보냈다. "서울숲 지나가요~" 내심 '아 그래요. 마침 저도 시간이 되네요. 잠시 기다리면 제가 나갈게요.'라고 반길 것으로 기대했다. 답문이 왔다.

"어쩐 일이시죠?"

이 문자를 보는 순간 나과장은 신대리가 자기를 '이 남자 뭐야! 왜 치근덕거리지!'라고 생각하는 건 아닌가 싶었다. 자존심이 상했다. 그리고 '바쁜 척하는 재수 없는 여자로구나.'라는 생각이 들었다. 정리하는 게 좋겠다고 마음먹었다. 즉시 문자를 날렸다.

"서로 노력을 해야 한다고 생각하는데 바쁘시거나 마음이 없으시면 정리하시죠."

신대리는 나름대로 약간 귀엽게 말한다고 '무슨 일로 지나가시는 거예요?'라고 문자를 보낸 거였다. 그런데 정리하자고 하니 어이가 없었다. '그래! 이 남자도 나랑은 너무 다르구나! 인연이 아니구나.'라고 생각되어서 다시 답장을 보냈다.

"편하실 대로 하시죠!"

이렇게 또다시 나과장과의 만남도 끝이 났다.

신대리는 나름 쿨하게 문자를 주고받았지만 오후 내내 절망감과 좌절감으로 우울했다. 문득 자신이 거절당했다는 생각이 들자 존재감이 없어지고 초라한 자신이 미워지기도 했다.

갑자기 담배 냄새로 받는 괴로움이 생각나면서 회사도 가기 싫어졌다. 이렇게 기분이 안 좋을 때 담배 냄새가 나면 짜증이 나거나 화가 폭발할 것 같아서 두렵기도 했다. 우울하고 무기력하게 주말이 흘러갔다. 그런데 일요일 저녁 우연히 인터넷을 서핑하다 「소공성」(소통과 공감으로 만드는 성공적인 행복한 인생) 교육에 대해서 알게 되었다. 그곳에서는 소통하는 방법뿐 아니라 감정을 조절하고 마음을 다스리는 방법까지 교육한다고 했다. 순간 '이거야! 이 교육을 받아야겠어.'라고 생각되었다. 정서적인 불편과 마음의 문제도 해결 받을 수 있을 것 같았다.

「소공성」교육

신대리는 한 주간 동안 정서적으로 불안정하고 우울했다. 하지만 한편으로는 교육을 통해 뭔가 해결을 받을 수 있다는 기대도 있어 그럭저럭 견딜 수 있었다. 토요일 오전에 「소공성」교육 하는 장소에 갔다. 이미 여러 사람들이 와서 6-8명씩 둘러앉아 이야기를 나누고 있었다. 인도하는 분이 반갑게 맞아주었다.

"어떻게 오셨어요. 교육을 받으러 오셨나요?"

"네. 그런데 교육이 이미 진행된 것으로 아는데 중간에 들어갈 수 있나요?"

"그럼요. 안 배운 부분은 다음 교육이 진행될 때 보충하시면 됩니다. 오늘 교육에 참여해 보시면 어떨까요? 이 그룹에 들어가시면 될 것 같아요."

"아! 네. 그런데 아직 어떤 교육인지도 잘 몰라서요. 내용을 알아보고 등록을 하려고요. 설명을 먼저 들으면 좋겠어요."

"그렇군요. 함께 참여하면서 관찰하시면 더 빨리 교육에 대한 이해가 생길 수도 있어요. 교육이 시작되었으니까 함께 받아보시면 어떨지요?"

"그래요. 그럼 그렇게 할게요. 교육을 마친 후에 괜찮으면 등록할게요."

"네, 그렇게 하세요. 이쪽 그룹으로 들어오세요. 지금은 '한 주간의 감정'(Good & Bad)을 나누는 시간입니다. 한 주간에 느꼈던 좋았던 사건과 안 좋았던 일과 관련된 감정을 펼쳐져 있는 감정 카드로 표현해보는 거예요. 각자 가장 강하게 느꼈던 감정 카드 3장을 고르세요. 혹시 4장이 필요하다고 하면 한 장 더 고르셔도 됩니다. 감정 카드는 우리가 가장 많이 느낀다고 생각되는 감정 60개를 그림과 감정 단어로 표현해놓았어요. 그리고 감정 카드에 없는 감정은 조커(joker) 카드로 표현하면 됩니다. 다 골랐다면 왜 그런 감정을 느꼈는지를 설명하시면 됩니다. 먼저 발표하시고 난 후에는 팀원들 중에서 아직 발표하지 않은 분을 초청하시면 되고요. 초청받으신 분은 '초청해주셔서 감사합니다.'라고 말한 후에 자기소개를 하고 '한 주간의 감정'을 나누면 됩니다."

신대리는 당황했다. 한 주간 동안의 감정을 이야기하려면 남자친구에게 차여서 우울했던 이야기를 해야 한다. 그리고 오랫동안 해결되지 못해 고통스러운 김과장의 담배 냄새 문제도 말해야 한다. 처음 본 사람들에게 자신의 문제를 이야기하는 게 너무 어색했다. 그리고 일종의 치부를 드러낸다고 생각하니 자신을 형편없는 사람이라고 생각할까 창피하고 두려웠다. 신대리가 속한 그룹원들은 새로 들어온 분을 배려해서 먼저 자신들의 '한 주간의 감정'을 나누었다. 그런데 그룹원들이 자신의 삶을 숨기지 않고 솔직하게 말하는 태도에 놀랐다. '남편과의 불화로 별거하고 있는 자신의 심정', '시어머니와의 관계로 힘들어하는 마음', '자녀들에게 화를 내서 속상했다는 엄마', '아내와 다투고 일주일 동안 서로 냉전 중인 어느 남편의 이야기' 등등. 그뿐 아니라 듣는 그룹 원들은 중간에 끼어들거나 간섭하지 않았다. 가만히 진지하게 들어주고 공감해주었다.

"많이 괴로우셨겠네요."

"아휴, 우울하셨겠네요. 힘드셨구나."

신대리는 처음과 달리 왠지 자신의 이야기를 해도 괜찮겠다는 용기가 생기기 시작했다. 오히려 자신의 이야기를 한 후에 도움을 받을 수도 있겠다는 희망도 생겼다. 드디어 신대리가 마지막에 초청받았다. 신대리도 자기소개를 하고 한 주간의 감정을 나누었다.

"초청해주셔서 감사합니다. 저는 신수미라고 합니다. 회사에 근무하고 있어요. 이번 한 주간에 주로 느낀 감정은 '무기력하다.' '우울하다.' 그리고 '기대된다.'입니다. 소개팅으로 만나던 남자친구가 갑자기 정리하자고 해서 한 주간 우울했어요. 그리고 회사에서 함께 일하는 과장이 골초라서 담배 냄새로 고통스러웠어요. 벌써 1년이 되가는데 어떻게 하면 좋을지 몰라 답답하고 무기력하기도 했고요. 우연히 「소공성」교육이 있다는 정보를 알고 문제를 해결 받을 수 있을 것이라는 기대도 되었어요."

이렇게 발표하는 동안 그룹 원들이 모두 잘 들어주고 공감해주었다.

"어려운 한 주간을 보내셨군요."

"많이 힘들었겠어요. 1년 동안이나 참아오다니 정말 괴로웠겠어요. 잘 참았네요."

'한 주간의 감정' 나눔을 마치고 난 후 진행하는 강사가 소감을 물어보았다. 그러면서 교육지침에 대해서 말했다.

"처음서부터 시작하지 못하고 중간에 들어오신 분들을 위해 안내 말씀드릴게요. 이 교육을 받는 동안 두 가지 중요한 원칙이 있습니다. 먼저는 비밀 보장입니다. 이 교육 중 나누었던 말을 외부에서 말하시면 안 됩니다. 그리고 강사가 요청해도 본인이 말하기 싫으면 '통과 혹은 패스'라고 하고 말을 하지 않아도 됩니다. 자, 그럼 오늘의 감정을 나누신 후의 소감을 돌아가면서 말씀해 주시길 바랍니다."

몇몇 분들이 소감을 발표했다.

"서로를 이해할 수 있게 된 것 같아요."

"기분이 한결 좋아진 것 같아요."

"신수미씨는 처음이라 많이 쑥스러웠을 텐데 용기 있게 말해줘서 고마웠어요."라는 격려의 소감도 있었다. 신대리도 소감을 말했다.

"처음에는 말하지 않으려고 했어요. 창피하고 두려워서요. 그런데 다른 분들이 있는 그대로의 자신을 자연스럽게 말씀하시는 모습을 보고 용기가 생겼어요. 특히 제가 말하는 도중에 질문이나 다른 의견을 말하지 않고 경청해주셔서 고마웠어요. 그리고 왠지 우울함과 무기력한 기분이 사라지는 것 같기도 하구요."

신대리의 소감을 듣고 모든 참가자들도 함께 기뻐해주었다.

감정 해소 방법

이어서 '감정이란?' 주제로 강의가 이어졌다.

"여러분 감정이 무엇일까요? 감정은 어떤 역할을 하는 걸까요?"

신대리도 궁금했다. '감정의 역할이 뭐지?' 딱히 뭐라고 말할 수 없는 모호하고 추상적인 그 무엇이라 생각되었다.

"감정에 대해서 설명한 책들과 논문을 읽다가 마음에 드는 말이 있어서 소개합니다.

'감정은 무의식의 마음 상태를 의식의 세계로 전달하는 역할을 한다.'

저는 이 정의에 많이 공감되었습니다. 감정을 영어로 emotion이라 합니다. e는 밖으로라는 의미이고 motion은 움직임, 운동, 동작을 말합니다. 즉 밖으로 나가는 움직임입니다. 마치 커피포트의 수증기와 같습니다. 수증기는 커피포트 안에 가두어두면 터집니다. 그리고 수증기를 적절하게 배출해야 합니다. 이와 같이 감정도 표현을 해야 합니다. 그리고 감정은 욕구와 깊은 관련이 있습니다. 우리 마음속의 욕구나 기대가 충족되면 긍정적인 감정이 생깁니다. 반대로 욕구가 충족이 안 돼서 장애가 생기거나 수용할 수 없을 때 부정적인 감정이 생깁니다."

신대리도 그 말에 동의가 되었다. 그런데 '감정은 어떻게 처리하면 될까?'하는 의문이 생겨서 질문했다.

"의식의 세계로 전달된 감정은 어떻게 처리하면 되나요?"

"정말 좋은 질문입니다. 저도 그 질문에 대해 설명을 하려 했습니다. 감정은 놀랍게도 인식되고 표현하고 이해되면 해소된다고 합니다."

감정은 표현하고 이해되면 해소된다.

신대리는 너무 간단해서 의구심이 생겼다.

"그렇게 간단하게 감정이 해소되나요?"

"처음에는 믿기지 않을지 모르지만 사실입니다."

"그러한 사례가 있나요?"

"네, 그렇습니다. 마음의 상처를 입은 경우에는 그 사건이 기억됩니다. 혹시 열흘 전에 먹은 점심 메뉴를 기억하시나요?"

"아니요. 기억 못해요."

"그런데 어떻게 몇 년 전에 있었던 사건은 기억하게 될까요?"

"그러게요. 사건이 매우 아픈 기억을 가지고 있어서인가요?"

"그럴 수도 있어요. 우리 뇌는 당연한 사실은 기억 안 한다고 합니다. 마음에 남아있는 상처는 그 사건과 처리되지 않은 감정이 함께 남아있어서라고 합니다. 부정적 감정은 대부분 우리 뇌가 생존과 관련된 감정으로 인식하기 때문에 기억하게 됩니다. 사건과 함께 처리되지 않은 감정이 남아있다는 의미이지요. 마치 촛농이 덕지덕지 붙은 것처럼 그 사건에 달라붙어 있습니다. 그래서 그 감정이 해소되지 못하고 그대로 있으면 마음의 상처로 남아 우리 삶을 방해하게 됩니다. 어느 심리학자는 상처받은 사건의 내용보다는 상처 입은 피해와 그로 인한 부정적인 감정을 기억하고 있을 것이라고 했습니다. 그 내용은 주관적인 해석과 합리화로 많이 각색이 되었을 가능성이 있다고 합니다. 그래서 감정치유는 그 사건의 내용과 그 감정을 하나씩 찾아내는 작업을 해야 합니다. 그리고 그 감정을 표현하고 공감 받으면 해소될 수 있다고 합니다. 실제 사례가 있어 말씀드리겠습니다."

"매우 궁금하네요. 어떻게 감정이 처리되는지."

"몇 년 전에 중학교 3학년 학생을 상담한 적이 있었어요. 상담실에 오게 된 동기는 분노가 폭발해서였어요. 이 학생은 공부를 꽤 잘하는 학생이었어요. 영어 점수를 높이려고 집중해서 공부했는데 중간고사에서 예상 밖의 점수를 받았습니다. 속상해 있는데 옆의 친구가 놀려서 참다못해 분노가 폭발했습니다. 그때 담임 선생님이 그 광경을 목격하고 부모님께 상담을 권유했어요. 그래서 우리 상담실로 오게 되었습니다."

상담사: "내가 뭘 도와줄까?"

학 생: "공부하다가 원하지 않는 감정이 삐죽삐죽 올라와요. 그러면 혼잣말로 '아니야! 아니야!'라고 말하곤 해요. 이때 엄마가 '무슨 일이냐?'하고 물어보면 '아무 일도 아니에요.'라고 말하지만 저는 사실 괴로워요."

상담사: "많이 힘들겠구나. 그것은 처리되지 않은 감정이 무의식이나 잠재의식에 아직 남아있기 때문이야. 그런 감정을 표현하고 공감받으면 사라질 수 있어."

학 생: "그래요. 그럼 도와주세요."

"이렇게 상담은 시작되었어요. 어느 날 그 학생이 소리를 치면서 상담실을 들어오는 거예요."

학 생: "누가 엄마 생일을 만들었어!"

상담사: "무슨 일이 있었던 모양이네. 말해줄래!"

학 생: "제가 엄마를 제일 사랑하거든요. 그래서 철들고 나서부터는 용돈을 모아서 엄마 생일에 선물을 했어요. 이번에는 중간고사를 망쳐서 공부에만 신경쓰다가 엄마 생일을 잊어버렸어요. 하필 그날 아버지도 잊어버린 거예요. 그래서 엄마가 섭섭하고 슬퍼서 울었어요. 그때서야 아버지와 저는 엄마 생일을 눈치챘어요. 이때 저희 누나가 생일 선물을 사가지고 온 거에요. 엄마는 위로를 받았구요. 그때 아버지는 '우리 집에는 딸뿐이 없네.' 그러시는 거예요."

상담사: "엄마 생일을 잊어버려 미안하고 속상했구나. 그리고 누나와 차별대우 받아서 기분이 상했겠네. 여기 감정 카드 중에서 그날 느낀 감정을 전부 골라볼래? 그리고 왜 그런 감정을 느꼈는지 설명도 해주고." (학생은 그날 느낀 감정 중 부정적인 감정 카드만 약 20개 골랐다.)

상담사: "많은 감정을 느꼈구나. 설명해줄래? "

학 생: "네, 첫째 비참해요"

상담사: "왜?"

학 생: "아빠가 우리 집에는 딸뿐이 없데요. 생일 선물 한 번 잊어버렸는데 존재감도 없어요."

상담사: "그렇구나."

"이어서, 부정적인 감정들을 하나하나 설명했고 상담사는 그러한 감정을 공감했습니다. 학생은 느꼈던 감정들을 이해받을 수 있었습니다."

학 생: "이젠 됐어요. 많이 해소됐어요."

상담사: "그래, 잘되었네."

"그런 다음에 사건을 긍정적인 방법으로 전환하기 위해서 인지치료를 시작했습니다. 사건을 재해석해서 건강하게 반응하도록 하기 위해서였죠. 1시간 상담을 마치고 상담 소감을 물어보았습니다."

학 생: "엄마 생일이 빨리 왔으면 좋겠어요. 두 배로 잘해 줄 거예요."

"학생의 소감을 듣고 생일로 인해 생긴 부정적이고 불편한 감정이 해소되었음을 알았어요. 그리고 몇 년 후에 이 내용을 책으로 쓰기 위해 그 학생의 동의를 구하려고 수소문해서 찾았어요."

상담사: "중학교 3학년 때 상담했던 상담사입니다."

학 생: "네, 선생님 반갑습니다. 어쩐 일이세요."

상담사: "상담했던 내용 중에 엄마 생일과 관련된 내용을 책에 쓰려구요. 동의가 필요해서요. 학생의 이름과

상황은 다르게 설정해서 독자들이 모르도록 할 예
정입니다.

학 생: "그러세요. 제가 선생님에게 상담 받은 것은 기억이
나요. 그런데요 엄마 생일 사건은 기억이 안나요.
필요하시면 책에 쓰셔도 될 것 같아요."

"이 학생의 말을 들으면서 감정 해소 방법이 어느 정도 맞
는다는 사실을 알게 되었어요. 상담 시간에 그 사건과 관련
된 감정을 말하고 공감 받으면서 다 해소되었다고요."

"정말 그렇네요."

"이렇게 감정을 표현하고 공감 받으면 좋은데 일반 가정
에서 그렇지 못해서 안타까워요. 특히 핵가족이 되고 난 후
에 그리고 사회적 상황으로 서로의 감정을 나누지 못하고 있
어요. 예를 들어볼게요. 주식투자로 손실을 보고 상한 마음
을 남편이나 아내에게 말했을 때 어떤 반응이 예상되시나요?
'후회되겠네요.' 혹은 '마음이 많이 상했군요.'라고 공감해 줄
것 같나요?"

참석자들은 이구동성으로 "아니요, 오히려 핀잔을 듣거나
잔소리를 들을 거예요. '왜 그런 것에 투자해서 고생을 해.'라
고 말하기도 하구요."라고 했다.

"그래요. 그렇게 되면 다음에 비슷한 부정적 감정이 생기
면 말 할 수 없게 되겠지요. 그 마음은 어떨 것 같아요?"

"혼자서 고민하고 아파할 거예요. 때로는 우울해지고 무기력해지기도 하겠지요."

"네. 안타깝지만 그렇게 됩니다. 부부 사이에 서로의 마음을 나누지 못하게 되겠지요. 그렇게 대화가 안 되면 서로 소통이 막히게 됩니다. 반대로 '많이 속상했겠네.'라고 그 감정을 공감해준다면 마음의 아픔이 가라앉게 될 겁니다. 그리고 서로가 자신의 삶의 즐거움과 괴로움을 잘 나누게 되겠지요."

"오랫동안 대화를 하지 않거나 대화가 잘 안될 때는 어떻게 하면 좋을까요?"

"감정 카드 같은 도구를 이용하는 방법이 있습니다. 모든 가족이 모이는 저녁 적절한 시간에 감정 카드를 펼쳐놓고 하루에 있었던 감정들을 나누면 좋습니다."

처리되지 못한 감정

신대리는 '한 주간의 감정'을 나누고 나서 마음이 많이 가벼워진 것 같다고 느꼈던 순간이 생각났다. '아하! 내가 부정적인 감정을 표현하고 공감 받아서 무겁게 느껴졌던 마음이 어느 정도 해소되었었구나!' 그리고 또 한 가지 생각이 스쳐지나갔다. '그러면 담배 냄새로 고통스러운 내 감정은 어떻게 될까? 아직 표현도 못하고 계속 억누르고만 있었는데.' 그래서 질문을 했다.

"그럼 표현되지 못한 감정은 어떻게 되나요?"

"네, 인식하지 못하고 표현되지 못한 감정은 그냥 사라지지 않습니다. 잠재의식이나 무의식에 남아서 호시탐탐 자기를 알아달라고 떼를 쓰게 됩니다. 그러면 해소되지 않은 감정들을 달래느라 많은 에너지를 소비하게 되고 곧 피곤하게 되지요. 이렇게 뇌가 지치게 되면 올바른 판단을 방해하고 집중도 못하게 됩니다. 그리고 억압된 감정은 스트레스로 작용해서 육체적으로 고통을 받게 되거나 마음의 병이 생기게 됩니다. 어느 한계에 도달하게 되면 폭발을 하기도 하구요. 마치 시한폭탄 같아요. 언제 터질지 몰라요."

"그러면 가끔 생각하기도 싫은 기분 나쁜 감정이 삐쭉삐쭉 올라오는 현상은 감정이 처리되지 않아서인가요?"

"그럴 가능성이 높습니다."

이 말을 듣는 순간 신대리는 너무나 아쉽고 안타까운 기억이 떠올랐다. 좋은 상대를 만나서 꽤 오랫동안 데이트를 했다. 하지만 서로의 마음을 진솔하게 말하지 못하고 피상적인 데이트를 했다. 그러다 보니 친밀해지지 않고 서로 겉도는 듯한 느낌이었다. 오히려 서로 오해하게 되고 그로 인해 갈등도 깊어졌다. 그렇게 사귀다가 마침내는 폭발하듯이 서운한 감정만 말하고 헤어졌었다.

호감도 있었고 여러 가지 면에서 잘 어울리는 오빠가 어느 날 사귀자고 했다. 처음에는 기쁘고 설레는 마음으로 만나곤 했다. 하지만 만나면서 상대의 행동이 이해 안되는 부분도 있었고 약속 시간도 잘 지키지 않아서 불만이 있었다. 하지만 상대를 배려한다며 마음에 들지 않거나 기분이 나빠도 말을 하지 않았다.

어떤 날은 약속했지만 갑자기 못 만나서 미안하다고 하면 그 오빠는 "응 그래 다음에 보자." 하면서 괜찮다고 했다. 신 대리도 마찬가지였다. 그 오빠가 회사 일로 바빠서 못 만난다고 하면 화가 나면서도 괜찮다고 말했다.

"응 괜찮아. 일이 바빠서 그런 건데. 내가 이해해야지. 다음에 봐."

하지만 원망과 분노로 인해 마음은 편하지 않았다.

이렇게 진실한 감정을 표현하지 못하니 부정적인 감정은 자꾸 쌓여가기만 했다.

서로 피상적인 만남을 갖다 보니 소통도 안 되고 속마음도 알 수 없었다. 그렇게 사귄지 5개월 정도 지나는 동안 한 번도 싸운 적이 없었다. 하지만 서로 친해지지 않았고 만난 지 얼마 안 된 사이처럼 겉도는 대화만 하고 어색했다. 정말 이 오빠가 나를 좋아하는 건지 내가 이 오빠를 정말 좋아하는 건지에 대한 의문이 들었다. 그러다가 이대로 만남을 지속해 봐야 시간 낭비라는 결론을 내렸다. 그래서 하루 날을 잡아서 하고 싶은 이야기를 전화로 얘기를 하고 그날로 바로 헤어졌다. 처음으로 싸우게 된 날이 헤어지게 된 날이 되어버린 셈이다. 헤어지자고 얘기하면서 그동안에 쌓였던 불만을 한꺼번에 이야기했다. 그랬더니 오빠가 "우리가 진작 이런 이야기를 했었더라면 참 좋았을 텐데. 아쉽다."고 말을 했다. 그 오빠는 성격도 착하고 배려심이 많아서 화가 나도 '괜찮다.'고 말했다. 그리고 서로 화를 내면 싸우다가 헤어지게 될까 봐 자기가 참았다고 했다. 이렇게 상대가 늘 나를 배려해 주니까 나도 부정적인 말은 하기가 어려웠다. 감정이 상해도 '내가 이해해야지, 그럴 수도 있지.' 하면서 눌렀다. 서운하고 섭섭하고 화가 나도 말을 안 하고 그냥 넘어가곤 했다. 그러면서 한편으로는 내가 남자랑 소통이 안 되는구나를 절실하게 깨닫게 되었다. 솔직하게 자신의 감정을 이야기하는 것은 자존심이 상하는 일이라고 생각했었다. 결국 진실되게 마음을 표현하지 못해 안타깝게 결말이 나고 말았다.

신대리는 감정을 말하지 못할 수도 있는데 그럴 경우에는 어떻게 하면 좋을지 의문이 생겼다.

"강사님. 감정을 인식했다고 해도 표현할 수 없는 상황이나 관계가 있잖아요. 그러면 어떻게 하면 되나요?"

"그래요. 그럴 경우도 있지요. 그런 상황에서는 잘못 표현하면 오히려 관계를 해치거나 불이익을 당할 수도 있어요. 그럴 때는 말을 하지 않고 참는 것이 좋습니다. 그리고 여러분을 이해하고 공감해줄 수 있는 친구에게 이야기를 하면 좋습니다. 아니면 혼자서 '감정 일기'를 적어도 좋구요."

"그렇군요."

신대리는 첫「소공성」교육에서 문제에 대한 해결책을 얻은 것 같아서 만족되었다. 그리고 '한 주간의 감정' 나눔을 통해 마음도 한결 평안해져서 교육 등록을 했다. 그리고 강사가 전문 상담사라 필요하면 상담도 받을 수 있어서 더욱 좋았다.

먼저 다가가기

교육을 마치고 난 후 친구인 '선희'에게 전화해서「소공성」(소통과 공감으로 만드는 성공적인 행복한 인생) 교육에 대해서 알려줬다. 선희는 신대리(수미)의 가장 친한 친구였다. 그녀는 20대 중반에 결혼해서 아이도 둘을 낳았고 벌써 학부모가 되어있었다. 선희는 신대리도 빨리 좋은 사람 만나기를 진심으로 바랐다. 그녀의 바람과 달리 신대리가 남자친구와 잘 사귀지 못하고 나이가 들어가는 게 염려되었다. 최근에 소개팅한 남자와 다시 헤어졌다는 말을 듣고 정말 마음 아파했었다. 그런데 신대리가 새로운 교육으로 이별의 아픔도 극복하고 자신의 문제도 해결해 간다고 하니 기뻤다. 둘이서 수다를 떨고 있다가 신대리는 기분전환도 할 겸 함께 좋은 연극을 보러 가자고 제안했다. 선희도 일요일에 신대리와 함께 가서 위로해주고 싶었다. 하지만 남편과 아이들과 함께 놀이동산에 놀러 가는 약속이 있어서 못 간다고 했다. 신대리는 전화를 끊자 갑자기 또다시 우울감이 몰려왔다. 저번 주 일요일에는 그래도 설레는 마음으로 소개팅한 남자친구가 있었는데…. 이번 주말을 이렇게 혼자 지내야 한다는 생각이 들자 왠지 외롭고 쓸쓸해졌다.

그러다가 문득 나과장(강모)과 주고받았던 문자가 생각났다. 분명 서로 오해가 생겨서 헤어진 것 같았다. 그렇다면 누군가는 그 오해를 풀어야 했다. 그런데 서로 자존심 상하는 말을 하고 난 뒤라 어떻게 해야 할지 난감했다. 하지만 자신은「소공성」교육에서 아픈 감정을 나누고 난 후라 많이 해소되고 마음도 안정된 상태였다. 그리고 상한 자존심도 그렇게 문제가 되지 않았다. 나과장에 대한 나쁜 감정보다는 상대가 느낄 괴로움과 고통이 느껴지기 시작했다. 많이 고민하다가 상대에게 미안한 마음을 전하고 위로해줘야겠다는 생각이 들었다. 그래서 먼저 문자를 보냈다. 관계가 끝났다고 생각되는 남자에게 먼저 다가가는 일은 처음이었다.

"생각해보니 기분이 많이 상하셨을 거 같아요. 미안해요. 잘 지내시나요? 앞으로는 카톡 알람 켜놓고 답장 바로 할게요. 시간 되시면 제가 따뜻한 차라도 한잔 대접할게요."

그러자 생각지도 않았던 놀라운 일이 일어났다. 문자를 보내자마자 나과장에게 바로 전화가 와서 만나자고 했다. 자기가 서울숲 근처의 카페로 나오겠다고 했다. 놀랍기도 했고 오해도 풀 기회가 생긴 것 같아 기뻤다. 만나서 대화를 해보니 생각했던 것보다 반응이 더 폭발적이어서 당황스러울 정도였다.

"저도 문자를 보내고 나서 너무 아쉬웠어요. 후회도 돼서 어떻게 다시 관계를 지속할 수 있을까 고민도 되었고요. 그리고 한편으로는 먼저 사과하고 다가오면 받아주려고 했어요. 그런데 이렇게 문자를 줘서 너무 고마웠어요. 한 걸음에 이렇게 달려왔어요. 고마워요."

그 말을 듣는 순간 신대리는 눈물이 났다. 이렇게 순수하고 순진한 사람의 마음을 아프게 했다고 생각하니 미안해서였다. 그리고 진실된 마음으로 고백하는 말에 감동되어서였다.

"아니에요. 제가 고맙지요. 제가 카톡 답장을 늦게 해서 많이 답답하고 속상했을 거 같아요. 일이 많아서 카톡을 한꺼번에 확인하는 게 습관이 되어서 늦게 보낸 거였어요. 미안해요."

"아니요. 괜찮습니다. 저도 그럴 것이라고 생각했어요."

"그래요. 고마워요. 그리고 '어쩐 일이시죠?'라고 보낸 거는 '무슨 일로 지나가시는 거예요?'를 내 딴에는 약간 귀엽게 말한다고 한 거였어요."

"아 그래요? 저는 왜 이렇게 치근덕거려! 하는 뜻으로 해석되어서 마음이 상했었어요. 제가 오해를 했네요."

"그러시군요! 그렇게 오해할 수도 있겠네요."

"사실 지금까지 소개팅을 많이 했었어요. 그런데 그동안 늘 이런 사소한 오해의 고비를 넘기지 못했어요. 상대가 바쁜척하거나 반응이 약간 부정적이면 바로 만남을 끝내버리곤 했어요. 그래서 지금까지 총각 신세를 못 면하고 있었어요."

"사실 저도 쿨한 척 하지만 상대가 조금이라도 자존심 상하게 하는 말을 하거나 문자를 보내면 바로 헤어지곤 했어요."

자존심으로 인해 생긴 갈등이 풀리면서 서로의 속마음을 열어 보이기 시작했다. 오해가 풀리면서 둘은 급격하게 가깝게 느껴졌다. 다음날은 신대리가 보고 싶었던 연극을 여자친구가 아닌 남자친구와 즐겁게 볼 수 있었다.

- 감정은 무의식의 마음의 상태를 의식의 세계로 전달하는 역할을 한다.
- 감정을 영어로 emotion이라 한다. e는 밖으로라는 의미이고 motion은 움직임, 운동, 동작을 말한다. 즉 밖으로 나가는 움직임이다.
- 감정은 인식되고 표현하고 이해되면 해소된다.
- 인식하지 못하고 표현되지 못한 감정은 잠재의식이나 무의식에 남아서 호시탐탐 자기를 알아달라고 떼를 쓴다. 그러면 뇌는 해소되지 않은 감정들을 달래느라 많은 에너지를 소비하게 되고 곧 피곤해진다. 이렇게 지친 뇌는 올바른 판단을 방해하고 집중도 못하게 한다.
- 억압된 감정은 스트레스로 작용해서 육체적으로 고통을 받게 되거나 마음의 병이 생기게 된다. 그리고 어느 한계에 도달하면 시한폭탄같이 폭발한다.

02 해소된 불편한 감정

　신대리는 나과장과의 감정 문제가 해결되자 마음의 큰 짐을 내려놓은 것 같았다. 월요일 출근이 평소와 다르게 즐거웠다. 오늘은 김과장을 기분 좋게 대할 수 있을 것 같았다. 그런데 김과장이 술도 덜 깬 상태로 출근을 했다. 술 냄새도 났고 더 짙은 담배 냄새가 나자 다시 마음이 불쾌해졌다.

　'아! 진짜 이 냄새 어떻게 없앨 수 없을까!'

　다시 담배 냄새로 한 주가 괴로워지기 시작했다.

　그 주간에는 해결해야 할 업무가 많아서 정시에 퇴근하기가 어려워졌다. 그래서 모든 팀원이 함께 야근을 했다. 그런데 팀원 중에 '박사연'씨는 달랐다. 팀의 일원으로 함께 해야 할 일들이 많을 때 야근이나 주말 근무를 부탁하면 협조하지

않았다. 자기 할 일은 철저히 잘하고 있어서 업무로 책잡을
일이 없었다. 그렇다고 규정에 합당하게 정시에 퇴근하는 일
로 뭐라 말할 수도 없었다. 이번 주도 예외는 아니었다. 모든
팀원이 야근하는 중에도 정시에 퇴근했다. 너무 뺀질거린다
고 생각되자 얄미워지기 시작했다. 하지만 이런 경우 어떻게
해야 할지 몰라 답답하고 막막하기만 했다. 담배 냄새와 뺀
질이 박사연씨로 인해 무거운 마음으로 한 주를 보냈다. 이
러한 정서적 어려움은 「소공성」 강사에게 자문을 구해야겠다
고 생각했다.

대화의 기술

이번 주는 '대화의 기술'에 대한 강의였다.

"문제가 없을 경우에는 일반적인 소통에 크게 어려움이 없
습니다. 그러나 문제가 있을 때는 특별한 대화의 기술이 필
요합니다. 문제가 있는 상황에서는 자신이 문제를 가졌을 경
우와 상대에게 문제가 있을 때로 나누어 생각할 수 있습니
다. 그래서 대화를 할 때 크게 세 가지의 상황으로 나누어 생
각할 수 있습니다. '문제없는 상황', '나에게 문제가 있는 상
황' 그리고 '상대에게 문제가 있는 상황'입니다. '누구에게 문
제가 있느냐?'에 따라 의사소통의 방법을 달리 적용합니다.

나에게 문제가 있을 경우에는 '나-전달법'을 사용하고요. 상대에게 있는 상황에서는 '공감'을 합니다."

나에게 문제 있는 상황에서는 '나-전달법',

상대에게 문제 있는 상황에서는 '공감'.

"문제가 있는 상황에 대해 좀 더 구체적으로 알려주세요."

"네, 대화법에서 문제가 있는 상황이란 '골치 아픈, 옳고 그른, 시정하지 않으면 안 되는 과제'가 아닙니다. 욕구실현에 장애가 일어난 상태 혹은 수용할 수 없는 행위로 인해 마음이 불편한 상황을 말합니다."

"말로만 들으니까 너무 어렵게 느껴지네요. 구체적인 예를 들어주면 좋겠어요."

"그럴게요. 남편이 연락도 없이 밤에 늦게 들어왔다고 가정해봅니다. 그때 어떤 감정이 생길까요? 누가 대답해 보시겠어요?"

"나를 무시하는 것 같아서 화가 나요."

"그렇군요. 또 다른 분은요?"

"사랑이 식었나 생각돼서 우울해질 것 같아요."

"네, 또 다른 느낌은요?"

"저는 처음에는 화가 나겠지만 많이 늦어지면 걱정도 될 것 같아요."

"이렇게 마음이 불편해서 걱정과 화와 같은 부정적인 감정이 생겼다고 가정해 봅니다. 대화법으로는 누구에게 문제가 있는 상황이라고 생각하는지 손들어 표해보겠습니다. 먼저 문제가 없는 상황이라고 생각하시는 분. 아! 저기 한 분이 손을 드셨네요. 왜 그렇게 생각하시나요?"

"남편은 늦을 수 있고, 아내는 '오늘은 늦는구나'라고 생각하면 문제가 없잖아요."

"그렇군요. 그런데 아내가 화가 나고 걱정이 된다고 가정을 했기 때문에 선생님의 의견은 맞지 않네요. 이번에는 남편에게 문제가 있다고 생각하시는 분은요?"

참가자 대부분이 손을 들어 표했다.

"그렇게 생각하시는군요. 마지막으로 아내가 문제가 있는 상황이라고 생각되는 분은 없나요?"

아무도 손을 들지 않았다.

"그렇군요. 정답은 아내에게 문제가 있는 상황입니다."

"에이! 농담하지 마세요. 어떻게 아내에게 문제가 있는 상황인가요?"

"네 설명해 드릴게요. 행동의 관점으로 보면 '남편의 문제'입니다. 하지만 대화의 관점에서는 '아내의 문제'가 됩니다. 일찍 들어왔으면 좋겠고 늦어지면 연락을 했으면 좋겠다는 욕구는 아내의 욕구입니다. 그 욕구에 장애가 생겨서 화도 나고 걱정도 생겼기 때문입니다. 또한 그런 남편의 행동을 수용할 수 없어서 마음이 불편해졌습니다. 그런 부정적 감정으로 자신이 문제가 있는 상황이 되었기 때문입니다."

"아! 그렇군요."

"이렇게 문제가 있는 사람은 도움을 요청하는 게 일반적입니다. 그런데 '왜 늦었어요! 이렇게 전화도 하지 않고 늦으면 어떡해요.'라고 말한다면 도움을 요청하는 태도가 아닐 겁니다. 이렇게 말한다면 어떨까요? '당신이 연락도 없이 늦어서 걱정되고 화도 났어요. 일찍 들어왔으면 좋겠고 늦어지면 연락해주세요. 그런데 왜 그렇게 늦었어요?'라고 말이지요."

"남편은 크게 저항감이 느껴지지 않고 아내의 마음을 잘 이해할 수 있을 것 같네요."

'나-전달법' 3요소

"그렇습니다. 이렇게 자기가 문제가 있는 상황에서 사용하는 대화기술이 '나-전달법'입니다. 세 가지 요소로 이루어져 있는데요, 관찰, 감정, 욕구입니다. '당신이 연락도 없이 늦어서'는 '관찰'에 해당됩니다. 그리고 '걱정되고 화도 났어요.' 부분은 '감정'이고요. 마지막으로 욕구는 '일찍 들어왔으면 좋겠고 늦어지면 연락해주세요.'입니다."

"'관찰'이란 어떤 의미지요?"

"네, 주관적인 판단이나 평가가 없이 객관적으로 관찰된 사실을 말하라는 뜻입니다. 예를 들어볼게요. 부부가 고속도로를 질주하며 드라이빙을 즐기고 있습니다. 날씨도 좋았고 차가 많지 않아서 속도를 내기에도 적당했고요. 그래서 처음에는 규정 속도 100km로 달리다가 점점 스피드를 올리기 시작했습니다. 그러자 함께한 아내가 불안해지기 시작했다고 가정해보겠습니다. 이때 불안한 아내가 '나-전달법'으로 어떻게 말하면 될까요? 누가 한 번 말씀해보세요."

"제가 해 볼게요. 빨리 달리니까 불안해. 좀 천천히 달려."

"잘 표현했습니다. 그런데 '빨리'라는 말이 '관찰'이 아니라 '평가'나 '판단'이기 때문에 의도했던 원활한 소통이 안 되는 경우가 생깁니다. '빨리 달린다.'는 해석의 차이가 생겼습니다. 아내는 규정 속도보다 빠르다는 의미입니다. 하지만 남편은 차가 없을 때 달릴 수 있는 속도라서 빨리 달린다고 생각하지 않을 수 있습니다. 그래서 '교통은 흐름이야 흐름. 고속도로에서 도로 사정이 좋을 때는 속도를 내도 괜찮아. 보통 이렇게 달려. 사고 한 번 안 났어.'라고 대답할 수 있습니다."

"그러면 어떻게 표현하면 좋나요?"

"그럴 때는 '140Km로 달리니까 불안해. 좀 천천히 달리면 좋겠어.'라고 말하면 됩니다. 그러면 남편은 '빨리 달려서 불안한 모양이네요. 보통은 이렇게 달리는데.'라고 반응할 것으로 생각됩니다."

"그럴 것 같네요."

"감정에 대해서는 전 시간에 말씀드렸습니다. 요약하면 감정은 자신의 마음의 상태를 무의식의 세계에서 의식의 세계로 보내는 역할을 합니다. 그리고 자신이 느끼는 감정을 인식하고 잘 표현하면 해소됩니다. 다음으로 욕구입니다. 언어학이나 심리학 관련 학자들은 우리의 감정은 욕구와 연결되어 있다고 합니다. 욕구가 충족되면 긍정적인 감정으로 욕구가 충족이 되지 않으면 부정적인 감정으로 나타나게 된다고 합니다. 그래서 느낌과 욕구를 함께 표현하면 자신의 마음을 좀 더 정확하게 잘 전달할 수 있습니다. 이렇게 감정과 욕구를 표현하려면 자신이 주어가 되어야 하기 때문에 '나-전달법'이라고 합니다. 이러한 방법은 자기주장을 할 때 매우 유용하게 사용될 수 있습니다."

'나-전달법' 사용시 주의할 점

이때 다른 참가자가 질문을 했다.

"이론적인 부분은 알겠는데요, '나-전달법'을 회사처럼 위계질서가 있는 조직에서는 상사에게 사용하기가 어렵잖아요."

"그래요. '나-전달법'을 사용할 때는 많은 주의를 기울여야 합니다. 조심해야 할 경우가 약 네 가지 정도입니다. 먼저는 공감 없이 '나-전달법'만 사용하면 '자기만 생각해달라는 얌체'라고 생각할 수 있습니다."

"'나-전달법'을 사용할 때는 먼저 공감을 하라는 말이군요."

"네 그렇습니다. 아마도 대부분 먼저 공감을 말해야 합니다. '나-전달법'은 나에게 문제가 있을 때 사용하는 대화 방법입니다. 문제가 있는 상황이기 때문에 대화의 어려움이 존재합니다. 이를 잘 극복하려면 상호이해가 바탕이 되어야 합니다. 내가 하고자 하는 말을 하려면 먼저 상대를 인정해주고 경청해야 합니다. 공감으로 상대에게 존중하는 태도를 가져야 내 말을 잘 들을 수 있습니다."

"그렇군요."

"두 번째로는 '나-전달법'으로 감정을 잘 표현해도 상대가 받아들일 수 없는 사람인 경우에는 사용을 조심해야 합니다. 김용태 교수는 『가짜 감정』이란 책에서 아이처럼 미성숙하거나 병리적 경향이 있는 사람은 부정적인 감정 자체를 수용할 수 없다고 했습니다."

"그런 사람들에게 사용하면 어떤 문제가 생기나요?"

"미성숙한 사람들은 부정적 감정을 말하면 자신을 싫어한다고 오해할 수 있다고 합니다. 자기애적인 사람들은 자기에게 도전한다고 생각하고, 경계선 성격을 가진 사람들은 미워한다고 생각한다고 했어요. 이런 사람들에게는 얘기를 안 하는 것이 더 좋을 것 같습니다."

"그렇군요."

"세 번째로는 직장이나 군대처럼 위계질서가 요구되는 관계나 어른과 아이 등과 같이 나이 차가 날 경우입니다. 각각의 경우에 맞게 잘 사용해야 합니다."

신대리는 김과장에게서 나는 담배 냄새 문제를 해결하고 싶었다. 벌써 1년 동안이나 고통을 받아왔다. 이제는 인내의 한계에 도달했다고 생각되었고 잘못하면 엉뚱한 데서 다른 형태로 터져 나올 것 같아 두렵기도 했다.

"저기요, 강사님, 제 위의 과장님이 골초라서 근처에 가면 담배 냄새가 나서 괴롭거든요. 벌써 1년이나 지났는데요. 어떻게 하면 좋을까요?"

"그러시군요. 이 사안은 다른 사항도 고려해야 하니까, 강의를 마치고 조용히 저와 상담하면서 방법을 찾아가면 좋을 것 같네요. 시간은 되세요?"

"네, 마침 시간도 가능합니다. 감사합니다."

"네 번째로 표현하려 하는 의도가 바람직해야 합니다. 하고 싶은 말을 얘기해서 자신의 마음을 편안하게 하려는 목적은 좋습니다. 그리고 갈등의 소지를 없애고 관계를 계속해서 잘 맺기 위해서도 바람직합니다. 하지만 상대를 변화시키거나 통제, 조종하기 위해 사용해서는 안 됩니다."

"'나-전달법'은 생각보다 어렵네요."

"네, 상대와 자신의 심리상태와 상황을 고려해서 표현해야 합니다. 그래서 어찌 보면 기술도 필요하고 세심한 주의와 많은 노력을 기울여야 하는 예술과 같습니다."

대화의 기술 실제

이렇게 강의를 마치고 신대리는 상담을 받았다.

신대리 : "제가 모시고 있는 과장님은 영업을 잘하고 실력도 인정받는 분이세요. 그런데 골초라서 근처에 가면 담배 냄새가 나서 괴로워요. 제가 가장 역겨워하는 냄새거든요. 벌써 1년이 다 되었는데 말도 못하겠어요."

상담사 : "그러시군요. 많이 괴로우셨겠네요. 과장님의 담배 냄새로 인해 어떤 감정이 많이 느끼셨나요? 감정 카드로 골라 보세요."

신대리 : 8장의 카드를 골랐다. '괴로운', '난처한', '답답한', '막막한', '불쾌한', '싫은', '원망스러운', '지겨운'

상담사 : "네, 이런 감정을 느끼는군요. 자, 이 중에서 좀 더 강하게 느껴지는 감정 3개를 골라보겠어요?"

신대리 : "네, '괴로운', '막막한', '원망스러운' 이렇게 골랐어요."

상담사: "고른 감정들에 대해서 자세하게 설명을 해주시겠어요."

신대리: "무엇보다도 냄새가 나면 저는 괴로워요. 기관지가 약해서 지린내나 역겨운 냄새가 나면 정말 고통스러워요. 다음으로 제 마음을 몰라주고 냄새를 풍기는 과장님이 원망스럽고요. 그리고 이런 괴로움을 어떻게 해결해야 하는지 몰라서 막막해요."

상담사: "담배 냄새로 고통스러운데 그 문제를 해결해주지 않고 수미씨의 괴로움도 몰라주니 원망스럽다는 말인가요?"

신대리: "네."

상담사: "과장은 담배 냄새로 겪는 수미씨의 고통을 알고 있나요?"

신대리: "아마도 모를 거예요. 제가 가끔 얼굴을 찡그리는 것 정도는 알고 있는데 왜 그러는지는 모르고 있을 거예요."

상담사: "그러면 수미씨가 담배 냄새로 괴로워하는지 잘 모르는 과장님이 어떻게 필요한 조치를 취할 수 있기를 바라는지요?"

신대리: "… 그렇네요."

상담사: "원망을 해소하기 위해 어떻게 하면 될지 생각해보세요."

신대리 : "제가 먼저 과장님에게 저의 괴로운 감정을 알려야
　　　　겠네요."

상담사 : "네. 맞습니다. 그러면 원망스러운 감정은 많이 수
　　　　그러들 것 같네요. 적절한 기회에 잘 말씀드려서 도
　　　　움을 요청하는 게 좋을 것 같습니다."

신대리 : "그런데 저는 어떻게 말하면 좋을지 몰라서 답답하
　　　　고 막막해요. 잘못 말하면 안 하느니만 못한 결과
　　　　가 나올까 걱정이 되고요. 그리고 이 일로 찍히면
　　　　회사생활이 힘들어질까 두렵기도 해요."

상담사 : "네, 관계가 더 나빠질까 걱정돼서 주저하고 있었군
　　　　요. 그 방법에 대해서는 제가 도움을 줄 수 있을 것
　　　　같네요. 연습하다 보면 말을 할 용기가 생기게 됩니
　　　　다. 그러면 막막함과 두려움도 해소할 수 있을 것
　　　　같네요."

신대리 : "그러면 좋겠어요. 그런데요. 말을 했는데도 과장님
　　　　이 전혀 변화가 없을 때는 어떡하죠?"

상담사 : "그럴 수 있습니다. 어떤 문제를 해결할 경우에는 자
　　　　신이 할 수 있는 일과 할 수 없는 일을 구별하는 지
　　　　혜가 필요합니다."

신대리 : "할 수 있는 일과 할 수 없는 일을 구별하는 지혜라
　　　　구요?"

상담사 : "네. 상대를 변화시키는 일은 자신이 할 수 없는 영

역입니다. 과장님이 담배를 끊거나 담배 냄새가 나지 않게 변화시킬 수 없어요. 요청하거나 부탁할 수는 있습니다."

신대리 : "그러면 어떡해요."

상담사 : "자신이 할 수 있는 일을 해야죠. 수미씨가 겪는 괴로움과 관련해서 할 수 있는 일이 무엇일까요?"

신대리 : "글쎄요. 일단 과장님에게 제 마음을 잘 얘기해서 도와달라고 부탁하는 일이요."

상담사 : "저도 동의합니다. 그런데도 과장님이 전혀 변화가 없어 괴롭다면 그때 할 수 있는 다른 방법은 없을까요?"

신대리 : "아! 인사부장님께 말씀드려서 다른 부서로 옮기는 방법도 있을 것 같네요."

상담사 : "좋아요. 그런데 수미씨의 요청을 회사에서 받아들여 주지 않는다면요?"

신대리 : "그런 경우에는 어떻게 해야 할지 잘 모르겠어요."

상담사 : "제 생각에는 두 가지 방법이 있을 것 같네요"

신대리 : "어떤 방법인데요?"

상담사 : "먼저는 수미씨가 그냥 적응하며 회사생활 하는 방법이 하나입니다. 다른 하나는 참을 수 없이 너무 고통스럽다면 회사를 옮기던지요."

신대리 : "그렇네요. 마지막에는 적응을 하든 아니면 힘들면

퇴사를 하는 방법이 있겠네요."

상담사: "잘 이해했네요."

신대리 : "먼저 과장님에게 어떻게 표현하면 좋을지 그 방법
을 알려주세요."

이렇게 신대리는 자신의 괴로움을 과장님에게 얘기하기로
하고 연습했다. 말하는 시기는 화요일 오후 4시경으로 잡았
다. 월요일은 주말에 밀린 업무가 있어 적절하지 않아 화요
일로 잡았다. 오전에는 먼저 처리해야 할 일들이 있어서 오
후에 하기로 했다. 1-4시까지는 외근도 많고 졸리고 피곤한
시간이라 오후 4-5시경이 좋겠다고 결정했다. 신대리는 상
담사와 함께 '공감'과 '나-전달법'을 충분히 연습했다.

화요일, 신대리는 걱정되고 두려운 감정을 차분하게 가라
앉히려 노력했다. 오후 커피타임 때 여직원들끼리 이야기하
는 중에 한 후배가 걱정스럽게 말했다.

"대리님, 김과장님에게 말했다가 오히려 잘못되면 어떡
해요. 걱정돼요. 웬만하면 말하지 말고 참으면 안 될까요?"
"응, 나도 잘못될까 걱정되고 두렵기도 해. 하지만 지금 아니
면 언제 이야기하겠어. 오늘 아침에 보니까 과장님도 기분이
나빠 보이지는 않은 것 같아. 좋은 기회라고 생각해. 그리고
이제는 상대에게 의존하는 원망은 하지 않기로 결심했거든.
그리고 내가 정당하게 말하는 게 잘못은 아니잖아. 상대가

기분 나빠하거나 오해할 수도 있지만 그건 상대 문제잖아."

"그렇게 마음먹었으면 하는 게 좋겠네요."

오후 4시 김과장이 여유가 있어 보일 때 신대리가 먼저 다가갔다.

"김과장님! 시간 되세요? 제가 잠시 드릴 말씀이 있어서요."

"그래요? 시간 돼요! 말해 봐요."

"개인적인 이야기라서 상담실에서 말씀드리고 싶은데요."

"그러지 뭐!"

둘은 상담실로 이동했다. 신대리는 상담실에 김과장이 좋아하는 따뜻한 캐러멜마키아토 한 잔을 준비해두었다.

"과장님! 따뜻한 캐러멜마키아토 한 잔 하실래요. 제가 회사 올 때 사왔거든요."

"오! 좋지. 고마워. 근데 무슨 이야기야? "

"과장님! 출근하면 반갑게 인사하고 함께 기분 좋게 일하고 싶었어요. 그런데요. 과장님이 오시면 담배 냄새가 나서 제가 무의식적으로 얼굴이 찡그리게 돼요. 제가 기관지가 약해서 담배 냄새가 나면 괴롭거든요."

"나에게서 담배 냄새가 난다고? 거의 매일 새로운 옷을 입고 오는데 …. 아! 그래서 이사님이 내가 영업 보고 하러 가면 인상 쓰셨구나! 신대리! 담배 냄새로 괴로웠겠네. 미안해! 내가 담배 끊을까?"

"아니에요. 제가 괴로워서 얼굴을 찡그릴 때 과장님이 오해하실 것 같아서요."

"그래서 아침마다 기분이 안 좋아 보였구나."

"알고 있었어요?"

"아니! 나는 왜 인상을 쓰는지 잘 몰랐어. 그냥 '기분이 안 좋은 모양이다.'라고 생각만 했지. 정말 미안해! 앞으로는 옷에서 담배 냄새 안 나도록 노력해볼게!"

"고마워요."

"고맙긴, 이렇게 마음에 있는 얘기를 해줘서 내가 고맙지."

얘기를 마치고 신대리는 정말 놀랐다. 그동안 쌓였던 원망과 괴로움이 눈 녹듯 사라지는 듯했다. 마음이 편안해졌고 이제는 담배 냄새가 나도 괴롭지 않을 것 같았다. 마음을 주고받는 대화의 중요성을 절실하게 깨닫게 되었다.

1) 대화의 세 가지 상황

- 문제없는 상황
- 나에게 문제가 있는 상황
- 상대에게 문제가 있는 상황

2) '누구에게 문제가 있느냐?'에 따라 의사소통의 방법을 달리 적용한다.

- 나에게 문제가 있을 경우에는 '나-전달법'을 사용한다.
- 상대에게 있는 상황에서는 '공감'을 한다.

3) 대화법에서 문제가 있는 상태

골치 아픈, 옳고 그른, 시정하지 않으면 안 되는 과제가 아니다. 욕구실현에 장애가 일어난 상태 혹은 수용할 수 없는 행위로 인해 마음이 불편한 상태를 말한다.

4) '나-전달법'의 3요소

- 관찰 : 주관적인 판단이나 평가가 없이 객관적으로 관찰된 사실
- 감정 : 긍정적이든 부정적이든 자신이 느낀 감정
- 욕구 : 마음의 욕망과 기대

5) '나–전달법'을 사용할 때 주의해야 할 사항

- 공감 없이 '나–전달법'만 사용하면 '자기만 생각해달라는 얌체'라
  고 생각할 수 있다. 그러니까 먼저 공감으로 상대에게 존중하는
  태도를 가져야 내 말을 잘 들을 수 있다.
- '나–전달법'으로 감정을 잘 표현해도 상대가 받아들일 수 없는
  사람인 경우에는 사용을 조심해야 한다. 김용태 교수는 『가짜 감
  정』이란 책에서 아이처럼 미성숙하거나 병리적 경향이 있는 사람
  은 부정적인 감정을 수용할 수 없다고 했다.
- 직장이나 군대처럼 위계질서가 요구되는 관계나 어른과 아이 등
  과 같이 나이 차가 날 경우에는 각자의 경우에 맞게 잘 사용해야
  한다.
- 표현하려 하는 의도가 바람직해야 한다. 하고 싶은 말을 얘기해
  서 자신의 마음을 편안하게 하려는 목적은 좋다. 그리고 갈등의
  소지를 없애고 관계를 계속해서 잘 맺기 위해서도 바람직하다.
  하지만 상대를 변화시키거나 통제, 조정하기 위해 사용해서는 안
  된다.

6) 어떤 문제를 해결하려고 할때는 자신이 할 수 있는 일과 할 수 없
  는 일을 구별하는 지혜가 필요하다. 상대를 변화시키는 일은 자
  신이 할 수 없는 일이다. 문제와 관련해서 자신이 할 수 있는 일
  에 최선을 다해야 한다.

2 부

마음을 풀어주는 기적의 약 '공감'

01 공감

의견대립

김과장과의 관계가 회복되고 나니 신대리는 말하는 데 조금씩 자신감이 생기기 시작했다. 그래서 틈틈이 나과장과의 카톡 대화도 즐기기 시작했다. 이번 주 토요일은 나과장과 12시에 만나서 영화 보러 가기로 약속했다. 신대리는 오전에는 밀렸던 여러 가지 일을 처리하려고 생각했다. 그래서 분주하게 빨래도 하고 이것저것 처리하고 있었다. 그런데 나과장에게 문자가 왔다.

"11시에 만나서 같이 간단하게 밥 먹고 영화 보러가요."

갑자기 1시간 당겨서 만나자고 하니 당황했다. 오전에 하려고 했던 일들도 다 마치지 못한 상황이었다. 급하게 밥 먹고 영화 보러 가는 것보다는 각자 밥을 먹고 만나서 영화 보는 게 낫다고 생각되었다.

"그냥 12시에 만나요."라고 문자를 보냈다. 그러자 다시 문자가 왔다.

"11시에 만나서 같이 밥 먹어요."

"그냥 밥 먹고 오세요. 12시에 오세요."

나과장은 전날 엄마하고 다투고 아침도 못 먹어서 같이 식사하자는 거였다. 엄마와 다투고 난 후라 신대리에게 위로를 받고 싶었다. 그런데 오히려 자기 얘기를 들어 주지 않고 고집스럽게 자기주장을 하자 마음이 상했다. 그래서 이렇게 문자를 보냈다.

"오늘 만나지 맙시다."

문자를 받은 신대리는 영화 본다고 잔뜩 기대했는데 갑자기 보지 말자고 하니 황당하고 어이없었다. 어떻게 할까 고민하다 마음이 편하지 않은 상태에서 만나면 오히려 더 안 좋을 것 같았다. 그래서 영화 보기를 포기하기로 하고 간단하게 답문을 보냈다.

"그래요."

신대리는 기대감이 무너져서 많이 속상해 있는데 친구인 선희에게서 마침 전화가 왔다. 여유로운 시간도 생기고 갑자기 수미가 생각나서 전화했다고 했다. 둘은 그동안 서로가 바빠서 잘 만나지는 못했었다. 신대리는 우울한 기분도 달랠 겸해서 바로 만나자고 했다. 둘은 전에 자주 가던 광화문 근처 카페에서 만났다. 전화로는 자주 통화했지만 서로 만나지는 못했었다. 오랜만의 만남이라 반갑기도 하고 그동안 쌓였던 이야기를 하며 즐겁게 보내고 있었다.

나과장은 원래 하고자 했던 대로 소통이 안 되고 엉뚱하게 영화도 못 보게 되자 스스로도 어찌할 줄 몰랐다. 마음이 안정되지 않아 미안한 마음도 전하고 사과도 할 겸 신대리 집으로 찾아갔다. 그리고 전화를 걸었다.

"지금 집 앞이에요. 나오세요."

신대리는 너무 놀라고 당황되었다.

"집 앞이요! 저 지금 광화문에서 친구 만나는데요."

"아. 네…"

그리고 전화를 끊었다.

선희는 신대리가 전화를 받다가 놀라면서 표정이 굳어지는 모습을 보고 걱정이 되었다.

"무슨 전환데. 뭐 안 좋은 일이라도 있어?"

"응…, 별일 아니야. 강모씨 전환네, 지금 우리 집 앞에 와 있다고 해서…."

"어머! 그럼 너 집으로 가 봐야 하는 거 아냐?"

"아니야. 이미 너와 만나고 있다고 했어."

"괜찮겠어? … "

"그럼. 괜찮아. 서로 생각이 달라서 엇갈린 거야. 어쩌겠어."

그러면서 다시 선희와 즐겁게 얘기를 시작했다.

한편, 나과장은 순간 신대리가 이해할 수 없는 여자라고 생각되었다. '지금 이렇게 심각한 상황에서 친구 만나 수다 떨고 있다고?'

어제 저녁부터 꼬이기 시작한 여러 가지 일에다가 이해할 수 없는 신대리의 행동에 충격을 받았다. 자존심에 상처를 받고 나니 모든 것이 싫어졌다. 그래서 문자로 이렇게 보냈다.

"그동안 즐거웠습니다. 좋은 사람 만나세요."

문자를 받고 신대리는 너무 황당했다. 어찌해야 할지 아무 생각도 나지 않았다.

잠시 후 정신을 차린 후에 아무렇지도 않은 척하며 점심도 먹고 다시 수다도 떨었다. 선희와 헤어지고 나면 허전하고 우울해질 것 같아서였다. 이렇게 허망하게 의미 없이 토요일은 지나갔다.

나과장은 문자를 보내고 난 후에 어떻게 해야 할지 막막했다. 후회도 되고 '역시 나는 되는 게 없어.' 하며 자책도 했다. 기분 나쁜 모든 감정이 한꺼번에 밀려오는 것 같아 어떻게 해야 할지 몰랐다. 스스로 잠시 안정을 취하는 게 좋을 것 같아서 시외로 빠져나가 드라이빙을 하기로 했다. 목적지도 없이 무작정 달렸다. 주말 오후라 그런지 고속도로도 시외로 빠져나가는 차량들로 도로가 많이 밀렸다. 가다가 길이 막히면 근처 톨게이트로 나와서 국도로 달렸다. 그래도 길이 막히면 안 막히는 길로 무작정 달렸다. 속으로 '그래! 다음에 또 다른 사람 만나면 돼! 여자가 자기 혼자인가! 지구상의 반은 다 여자인데.' 이렇게 외치면서. 그렇게 몇 시간을 달렸을까 날도 어두워지기 시작했고 아침부터 식사도 하지 않아 배도 고팠다. 어딘가에서 가서 식사도 하고 쉬고 싶어서 여기저기 찾다가 레스토랑이 있는 어느 모텔에 머물렀다. 식사를 하고 나자 다시 정신이 돌아왔다. 커피를 시키고 잠시 소파에 앉아서 한동안 멍 때리고 앉아있었다. 얼마나 그러고 있었는지 커피가 다 식어서 마시지도 못하고 버려버렸다.

　피곤이 몰려와서 일찍 잠자리에 들었다. 그러다 한밤 중에 목이 말라 잠에서 깨어났다. 물 한잔을 한 후 다시 잠을 청했지만 잠이 오질 않았다. 그래서 책상에 앉아 이런저런 생각에 잠겼다. 그러다 문득 처음 오해로 인해 헤어지려 했을 때가 생각났다. 그때 신대리가 먼저 화해의 문자를 보내와서 관계가 다시 회복되었던 일이 생각났다. 그리고 그 문자를 받았을 때의 그 기쁨과 감동이 느껴졌다. 순간 이번에는 자신이 먼저 화해를 요청하는 게 좋겠다고 생각했다. 이렇게 여러 가지 생각으로 잠도 제대로 못 자고 다음 날 새벽에 다시 신대리 집으로 찾아갔다. 일요일 아침에 신대리 집 근처에서 다시 전화를 걸었다.

　"지금 수미씨 집 앞이에요. 시간 되면 지금 만날 수 있어요?"

"집 앞이라고요?"

"네. 지금 집 앞이니까 잠시 만나서 이야기해요."

신대리는 우울하고 지친 상황이라 만나기가 힘들고 싫었다. 하지만 집 앞이라고 하니 잠시 만나기는 해야겠다고 생각했다.

카페에서 둘은 이야기를 나누었다.

"제가 툭하면 헤어지자고 해서 미안합니다. 헤어지자는 뜻보다는 불편한 제 마음을 어떻게 표현해야 할지 몰라 그렇게 문자를 보냈었어요."

"저도 그러리라 생각했어요."

"다행이네요. 저는 어제 중요한 상황인데 친구를 만나는 게 이해가 안 되었어요."

"그래요. 저는 영화 본다고 잔뜩 기대했는데 갑자기 보지 말자고해서 황당했었어요. 거절당했다고 생각되니 우울해져서 친구라도 만나서 해소하려고 했어요. 여자들은 정서적으로 안정이 안 되면 친구들 만나서 수다로 풀어야 하거든요."

"그랬군요. 제가 여자를 잘 모르는 것 같아요."

"그러는 저도 마찬가지예요. 저도 남자를 잘 이해 못하겠어요. 어떤 때는 많이 불편하고 함께 있는 게 힘들어요."

이렇게 두 사람은 또 다시 헤어지는 위기를 넘기고 있었다.

이 일이 있고 나서 신대리는 '왜 이렇게 서로 소통하는 게 힘들까?'하는 생각과 '대화는 그냥 하면 되는 게 아니구나.

배워야 하는 지식이자 기술이구나.'라고 생각하게 되었다.

대화는 배워야 하는 지식이자 기술이다.

공감

나과장과의 갈등으로 힘든 주말을 보냈다. 하지만 요즘 「소공성」 교육으로 많이 위로받았다. 매주 만날 때 약 한 시간 정도 진행되는 '한 주간의 감정 나누기'(Good & Bad)를 통해 부정적인 감정이 많이 해소되었다. 그리고 올바른 소통 방법을 배움으로 점차 내면에 힘이 생기는 것 같았다. 그리고 갈등과 문제 상황을 만나도 '해결하면 되지. 뭐!' 하는 마음이 생겼다. 그래서 어느 정도 불안에서 벗어날 수 있었다.

이번 주에는 '공감'에 대해서 배웠다.

"심리적 정서적으로 안정이 안 되었을 때 도와주는 방법에 대해서 생각해보겠습니다. 상대가 걱정, 우울, 두려움, 분노 등 부정적 감정으로 힘들어할 때가 있습니다. 어떻게 도와주면 될까요?"

"위로해줘요."

"상대 기분 전환을 위해 도와줘요."

"좋아요. 그런데 이런 위로나 도움이 오히려 나쁜 감정을 더 부추길 수도 있어요. 걱정하지 말라고 괜찮다고 말한다고 걱정이 멈춰지지 않아요. 오히려 자기를 이해해주지 못하는 말에 짜증이 날 수도 있죠."

"그럼 어떻게 하면 좋나요?"

"이럴 때는 공감을 하면 좋습니다. 공감은 '상대의 마음이나 감정을 상대가 느끼는 그대로 듣고 이해하는 일'입니다. 즉 상대의 관점을 통해서 사물을 보고 세상을 이해하는 방법이라 할 수 있어요."

"상대방 중심의 관점으로 바라보는 자세가 필요하군요."

"네 그렇습니다."

공감은 '상대의 마음이나 감정을 상대가 느끼는 그대로 듣고 이해하는 일'이다.

공감은 상대방 중심의 관점으로 바라보기이다.

"공감은 어떻게 표현하면 되나요?"

"감정은 인식하고 표현되고 이해되면 해소될 수 있다고 해요. 공감은 상대의 마음을 대신 인식하고 표현해주고 인정해주는 방법입니다. 상대가 느끼는 감정이나 욕구를 대신 읽고 표현해주는 방법이지요."

"좀 더 쉽게 이해할 수 있게 예를 들어 설명해주세요."

"좋습니다. 누가 갈등 상황이나 감정대립으로 힘들었던 일을 얘기해주시겠어요? 그러면 공감을 실제적으로 사용하는 방법을 실습할 수 있을 것 같아. 그리고 원칙이 있어요. 여기서 나눈 이야기는 밖에서는 말하면 안 됩니다. 꼭 기억해주세요."

　신대리(수미)는 지난 토요일 나과장(강모)와의 갈등을 다시
재현해보면 좋을 것 같았다. 그래서 자신이 겪었던 갈등 상황
을 말했다.

　"그럼 두 분이 서로 나눈 문자 내용을 정리해볼게요."

　강모: 11시에 만나서 같이 간단하게 밥 먹고 영화 보러가요.

　수미: 그냥 12시에 만나요.

　강모: 11시에 만나서 같이 밥 먹어요.

　수미: 그냥 밥 먹고 오세요. 12시에 오세요.

　강모: 오늘 만나지 맙시다.

　수미: 그래요.

　"수미씨는 오전에 하려고 했던 일들도 다 마치지 못한 상
황이었어요. 그리고 여유롭게 식사를 하고 만나서 영화 보는
게 낫다고 생각했어요. 강모씨는 아침도 못 먹어서 일찍 아
점으로 수미씨와 식사하고 싶었어요. 그리고 전날 엄마와 다
툼으로 생긴 상한 마음을 위로받고 싶었어요. 두 분 다 나름
대로 사정이 있었는데 이해받지 못한다고 생각되니 갈등 상
황이 되었네요. 그럼 어떻게 했더라면 좋았을까요?"

　"자기의 상황과 생각을 같이 알려줬더라면 좋았을 것 같아요."

　"이런 경우에는 문자보다는 직접 통화를 했더라면 어땠을

까요?"

등등 여러 가지 의견들이 나왔다.

"좋은 의견 감사합니다. 서로의 의견이 대립되었을 경우에는 자신의 이야기가 존중받지 못하고 있다고 생각하게 됩니다. 그래서 같은 이야기를 반복하고 더 강하게 자기주장을 하게 돼요. 상대 내면의 욕구는 '내 마음 알아줘!'라고 할 수 있습니다. 이런 경우 문제를 해결하는 방법은 열심히 경청하는 자세를 보여주어야 합니다. 그리고 공감을 해주면 됩니다."

"어떻게 공감하면 되는지 실제로 보여주면 좋겠어요."

"네, 그럼 실습해보겠습니다. '오늘 만나지 맙시다.'라는 문자를 받고 수미씨는 어떤 감정이 들었나요?"

"영화 본다고 잔뜩 기대했는데 갑자기 보지 말자고 하니 황당하고 어이없었어요. 그리고 어떻게 할까 고민도 되었구요. 마음이 편하지 않은 상태에서 만나면 오히려 더 안 좋을 것 같아서 영화 보기를 포기하기로 했어요. 그래서 간단하게 '그래요.'라고 답문을 보냈어요."

"네, 수미씨는 실망했지만 두 사람과의 관계를 더 고민해서 상대의 의견을 수용해서 '그래요'라고 답문을 줬네요. 이번에는 좀 더 영역을 넓혀서 강모씨의 입장에서 생각을 해보죠. 강모씨는 어떤 감정을 느꼈을까요? 다른 분들이 의견을 말씀해주시기 바랍니다."

"자신의 마음을 몰라주는 수미씨가 야속했을 것 같아요."

"자신의 제안에 공감하지 않고 자기주장만 하는 것 같아서 살짝 미웠을 것 같아요."

"나름 사정이 있어서 좀 더 일찍 만나자고 한 것이었는데 몰라주니 섭섭했을 것 같아요."

그 외에도 실망했다. 답답했다, 짜증났다, 화났다, 불편했다 등의 감정을 느꼈을 거라는 의견이 나왔다.

"좋습니다. 강모씨의 감정을 대신 찾아준 것 같네요. 수미씨는 이런 감정들 중에서 강모씨가 느꼈을 가장 적절한 감정이 어떤 것인지 선택해보시겠어요?"

"'야속하다'와 '섭섭하다'는 감정 중 하나라고 생각해요. '야속하다'의 정확한 뜻을 알려주세요."

"네, 야속하다는 '섭섭하게 여겨져 언짢다.'라는 뜻입니다."

"그럼 야속하다가 더 맞을 것 같아요."

"그럼, '그래요'라고 답문을 보내기 전에 먼저 야속한 감정을 느꼈을 강모씨를 공감하는 말을 생각해보시겠어요?"

"음, 그러니까 … 제가 제안을 받아주지 않아서 많이 야속하셨군요. 미안해요."

"잘하셨어요. 그리고 난 뒤에 수미씨의 사정도 설명했더라면 좀 더 잘 이해했을 것 같아요. 다시 해보시겠어요?"

"강모씨의 제안을 받아주지 않아서 많이 야속하셨군요. 미안해요.(공감) 제가 오전에 하려고 했던 일들도 다 마치지 못한 상황이었고 급하게 밥 먹고 영화 보러 가는 것보다는 각자 밥을 먹고 만나서 영화 보는 게 낫다고 생각했어요."

그러자 참가자 중 한 남자분이 말했다.

"그렇게 말해주면 남자입장에서는 굉장히 미안해질 것 같아요. 그래서 저 같으면 '아! 그렇군요. 그런 사정도 모르고 미안합니다. 그리고 제가 속이 좁았네요. 만나지 말자고 한 말 취소합니다. 예정대로 12시에 만나요.'라고 말할 것 같아요."

그 말에 모두 웃었다. 신대리도 그 말을 들으니 공감을 해줬더라면 아픈 갈등 상황은 없었을 것이라 생각되었다. 강사는 덧붙여서 말했다.

"제 생각에는 강모씨가 두 번째로 11시에 만나자고 했을 때 공감을 해줬더라면 더 좋았을 것 같아요. 아마도 수미씨가 자신의 얘기를 들어주지 않는다고 생각했던 것 같아요. 그래서 한 번 더 강조해서 말했을 거예요. 이때 그 마음을 공감해줬으면 대화가 잘 풀렸을 것 같아서요. 수미씨가 공감의 말을 해보시겠어요?"

"네, 좀 더 일찍 만나서 함께 식사하고 싶으시군요. 미안해요. 저는 오전에 처리해야 할 일들이 있어서 12시에 만나고 싶어요."

"잘하셨어요. 이렇게 공감의 문자를 보냈으면 상황이 어떻게 전개되었을 것 같나요?"

"원래대로 12시에 만나서 영화보고 마음도 풀어졌을 것 같아요."

"네 저도 그렇게 생각합니다. 수미씨 지금 느낌이 어떠세요?"

"강모씨에게 미안한 마음이 들었어요. 그리고 어떻게 공감하면 되는지 감을 잡아 좋아요."

"감사합니다. 다음 시간에는 공감이 왜 어려운지에 대해서 함께 생각해보지요."

신대리는 그동안 사귀었던 사람들과 관계가 어려웠던 이유를 알 것 같았다. 결론은 공감 부족이었다고 생각했다.

1) 공감은 상대가 심리적이나 정서적으로 안정이 안 되었을 때 도와
주는 방법이다. 즉 상대가 걱정, 우울, 두려움, 분노 등 부정적 감
정으로 힘들어할 때 도움을 주는 방법을 말한다.

2) 공감은 '상대의 마음이나 감정을 상대가 느끼는 그대로 듣고 이해
하는 일'이다. 즉 상대의 관점을 통해서 사물을 보고 세상을 이해
하는 방법이라 할 수 있다.

3) 서로 의견이 대립이 되었을 경우
- 자신의 이야기가 존중받지 못하고 있다고 생각한다. 그래서 같은
이야기를 반복하고 더 강하게 자기주장을 하게 된다.
- 상대 내면의 욕구는 '내 마음 알아 줘'라고 할 수 있다.

4) 이런 경우 문제를 해결하는 방법은 열심히 경청하는 자세를 보여
주는 것이다. 즉, 공감하는 태도와 말을 하면 된다.

5) 관계가 어려울 때는 공감이 부족하지 않았는지 생각해보라.

02 상대방 중심의 철학

새로운 갈등

　다음 주 회사에 출근한 신대리는 예상치 못한 소식을 접했다. 김과장은 능력을 인정받아 차장으로 진급하면서 다른 부서로 발령받았다. 새로운 과장이 부임했는데 유명한 욕쟁이라고 소문이 자자한 장과장이었다. 이제 겨우 김과장과 관계가 회복되었는데 또 다른 더 힘든 장과장을 대해야 했다. 신대리는 걱정되었다. 장과장은 처음 부임해서는 업무 파악하느라 팀원들에게 화내거나 욕을 하지 않았다. 그런데 언젠가부터 짜증이 늘고 화내는 일이 많아졌다. 화내는 일들이 업무와 관련된 정말 중요한 일이 아니라 굉장히 사소한 것들이었다. 평소에는 그냥 지나쳤던 것들인데 예민하게 반응하거나 생각지도 못한 사소한 일로 심하게 화를 냈다. 며칠 전에는 문서 번호와 내용이 자기가 생각하는 방식으로 정리되지 않았다고 짜증내고 화를 냈다. 갑자기 "아이 씨. 이 내용이 아니잖아."라고 소리쳤다.

업무를 보던 모든 팀원들이 놀랐다. 그리고는 눈치 보며 고개를 들지 못했다.

그 후로도 이런 일이 반복되었다.

언젠가는 "내가 너네한테 욕 못해서 안 하고 있는지 알아." 라고도 소리쳤다. 그리고 보고를 하려고 말만 하면 "뭐! 그래서! 아이 씨" 이렇게 대했다.

이럴 때 신대리는 너무 수치스럽고 기분이 굉장히 나빴다.

특히 월요일 오전 업무미팅 시간은 정말 고역이었다. 특히 직속 부하인 신대리를 몰아붙이면 당황해서 어찌할 줄을 몰랐다. 월요일이 점점 두려워지기 시작했다.

말을 하기도 전에 화부터 내고 욕을 하니까 뭘 잘못했는지 파악이 안 돼서 힘들었다. 그럴 때 회사를 그만 두라는 건가 싶기도 하고 안 좋은 일이 있는데 화풀이하는 건가 싶기도 했다. 장과장과의 관계를 어떻게 하면 좋을지 정말 난감했다.

신대리 친구 선희는 오랜만에 남편과 아이들을 데리고 친정으로 갔다. 그런데 집에 와 보니 엄마가 아파서 누워계셨다. 엄마는 조용하고 말을 잘 하지 않는 분이셨다. 지금껏 병원에도 잘 가지 않고 건강하신 편이었다. 그런데 표정도 어두웠고 뭔가 근심도 많아 진 것 같았다. 선희는 걱정되서 엄마에게 물었다.

"많이 아파요? 어디가 아픈데요."

"응, 별일 아니야. 그냥 피로해서 감기 걸린 것 같아."

"그래요. 요즘 표정이 안 좋던데. 무슨 걱정거리가 있어요?"

"응, 그게, 몇 달 전에 너에게 스마트폰으로 선물하기를 부탁했었잖아."

"네, 경자엄마에게 10만 원어치 선물을 엄마 폰으로 보내 달라고 했었지요?"

"그런데 그게 잘못 꼬여서 경자엄마가 오해를 해서 아주 불편한 사이가 돼버렸어."

"어떻게요?"

"며칠이 지나도 그 선물을 사용하지 않는 것 같아서 취소했어. 그리고 직접 선물을 사서 다시 보냈는데 경자엄마가 안 받고 다시 돌려보냈어. 무슨 오해가 생긴 것 같은데…"

"그래서 마음이 편안치 못했군요."

"그래, 경자엄마는 어려울 때 우리를 많이 도와줬잖아. 그리고 나에게는 가장 친한 친군데. 몇 번 다른 친구를 통해서 오해를 풀려고 했는데 잘 안됐어. 최근에는 내가 웃는 모습이 가증스럽다고까지 했다더라. 오해로 관계가 어려워지니까 너무 마음이 아파. 어떻게 해야 좋을지 모르겠다."

순간, 선희는 신대리(수미)가 말했던 「소공성」 강사가 생각났다. 그분이라면 엄마를 도울 수 있을 것 같았다.

"엄마, 상담을 받으면 어떨까요? 내 친구 수미가 잘 아는 분인데 잘 소통하고 공감하는 교육도 하시는 분이야."

"그래. 그럼 언제 시간 나면 함께 가자. 네가 약속을 좀 잡아줄래?"

"그래요. 엄마는 언제 시간이 돼요?"

"나는 집에 있으니까 상담사 시간에 맞출 수 있을 것 같아."

"엄마 시간이 되면 「소공성」 교육도 함께 받으면 어때요? 수미가 그러는데 교육을 받으면서 상담을 받으면 효과가 좋데요."

"그래? 소공성이 뭔데 그리고 어떤 교육인데?"

"소공성은 '소통과 공감으로 만드는 성공적인 행복한 인생'의 앞 글자 약자래요. 소통하는 방법과 공감 능력을 향상시켜주는 교육이래요. 그분은 전문 상담사라서 심리치료도 해주면서 대화를 잘해나가는 방법을 알려준대. 엄마에게 도움이 될 것 같아요."

"그래. 그럼 교육도 함께 받도록 하자!"

선희는 수미에게 전화해서 엄마가 이번 주 교육에 참가하실 거라고 말했다. 그리고 가능하면 상담도 하고 싶다고 했다. 엄마가 교육과 상담을 통해 회복되기를 바랐다.

공감을 잘 하려면

선희엄마는 신대리와 함께 「소공성」 교육에 참석했다. 참가자들이 환영해주었다. 강사는 선희엄마에게 별칭을 지으라고 했다. 「소공성」 교육에 참가하시는 분들은 별칭으로 호칭을 하기 때문이라고 했다. 선희엄마는 어떤 별칭을 할까 고민하다가 '희망'이라고 지었다. 갈등이 해결되기를 바라는 마음에서였다.

그날은 '공감하는 법'에 대해서 배웠다.

"상대가 정서적으로 안정이 안 되었을 때는 어떻게 말해야 할까요? 분노, 짜증, 두려움, 우울, 불안 등 부정적인 감정으로 어려운 상황에 있을 때 말입니다. 그때 사용하는 대화의 기술이 '공감'입니다. 공감을 잘 하는 방법 세 가지에 대해서 알아보겠습니다. 첫째는 공감을 많이 받는 환경입니다."

첫째, 공감을 많이 받는 환경

"공감 받는 환경이 중요하군요."

"네, 공감을 잘하기 좋은 방법은 공감을 많이 받으면 됩니다. 그러면 자동적이고 습관적으로 다른 사람을 공감해줄 수 있게 됩니다. 공감은 당신을 있는 모습 그대로 무조건적으로 수용해준다는 의미가 있습니다. 공감을 받으면 스스로 자신의 내면세계를 수용할 수 있게 됩니다. 이렇게 자신이 이해

받게 되면 마음에 여유가 생기고 그 힘으로 다른 사람을 공감해 줄 수 있게 됩니다."

"그런데 잘 공감해 줄 수 있는 사람이 주위에 거의 없는 경우가 대부분이잖아요."

"그래요. 그런 경우에는 연습을 통해 습관화를 해야 합니다. 먼저는 마음가짐의 태도입니다.

변화와 성장은 의지만으로 되지 않고 올바른 이해가 기초가 되어야 한다.

'열심히 노력해서 공감을 잘 할 거야.'라는 의지만으로는 부족합니다. 어느 분은 우리의 의지는 갓 내린 커피가 식는 것만큼 빨리 사라진다고도 했어요. 작심삼일(作心三日)이라는 말처럼 의지와 결심은 삼일을 못 간다는 뜻입니다. 경험해 봐서 알지만 결심이 굳어도 대부분의 일이 얼마 가지 않아 흐지부지하게 되는 예가 많습니다. 여러분은 어떠세요?"

"예, 저희도 그래요." 대부분이 동의했다.

둘째, 상대방 중심의 철학

"공감 연습도 예외가 아닐 겁니다. 그래서 의지뿐 아니라 공감에 대한 올바른 이해가 기초가 되고 그로 인해 동기부여되어야 합니다.

공감에 대한 올바른 이해는 '상대방 중심의 철학'이 기초가 되어야 한다.

자기중심적인 관점에서 상대방 중심의 관점으로 바뀌어야 합니다. 인간은 거의 백 퍼센트 자기중심적이라고 합니다. 대인관계를 연구하는 학자들의 말에 따르면 갈등 상황에 있는 사람이 상대방의 처지에서 이해하려는 노력은 자기 입장에서 생각하는 시간의 1퍼센트 밖에 되지 않는다고 합니다. 예를 들어 보겠습니다. 누군가가 '너는 그런 것도 모르니?'라고 말한다고 가정해 봅니다. 여러분은 어떻게 반응하겠습니까?"

　　나1 : 화나거나 기분이 상해서 "그러는 너는? 너는 잘 알아?" 라고 반격하고 싶다.

　　나2 : '역시, 나는 부족해. 이런 것도 잘 몰라.'라고 생각돼서 위축된다.

　　나3 : 무슨 말을 해야 좋을지 몰라 아무 말도 못하고 곤란해 한다.

　　나3 : 상대가 짜증나고 뭔가 불만족스러워한다고 생각된다. '나에게 실망했구나.' 혹은 '내가 잘 몰라서 화났구나.' 하며 상대의 마음을 먼저 헤아린다.

"몇 번처럼 반응하시나요?"

"나1이나 나2, 나3처럼 반응할 겁니다."

"그렇습니다. 이처럼 상대방 관점에서 보는 것은 어렵습니다. 뇌과학자들은 자기중심주의가 뇌가 작업하는 자연스러운 방식이라고 합니다. 그 이유는 뇌가 게을러서 가능하면 제일 일을 적게 해도 되는 쪽을 선택하기 때문이라고 하네요. 상대방 중심으로 바라보는 일은 뇌의 자연스러운 작업방식을 거스르게 됩니다. 그래서 공감은 쉽지 않고 많은 노력과 주의가 필요합니다."

"그렇게 힘든데 어떻게 우리가 연습하면 될까요?"

"그럴 때는 내가 물건을 팔고 싶은 판매자라고 생각해보면 어떨지요? 여러분들이 매장이나 가게에 들어갈 때 점원들이 뭐라고 하나요?"

"'어서 오세요. 무엇을 찾으시나요. 무엇을 도와드릴까요?' 라고 말하지요."

"네, 그러면 이 말은 진정으로 손님을 위해서 하는 말입니까? 아니면 자신이 무언가를 원해서 하는 말인가요?"

"물건을 팔기 위해서지요."

"너무나 당연한 전략적 말인데 손님은 자신을 위하는 말이라고 듣고 해석합니다. 그것이 자기중심주의적인 뇌의 표준 작업방식 때문이라는 거죠. 그러면 손님은 기분이 좋아져서 물건을 살 마음이 생기게 됩니다."

"하하, 그렇네요."

"공감이 어렵고 잘 이해가 되지 않을 때는 물건을 많이 팔고 싶은 점원이라고 생각을 하세요. 잠시 자기중심주의를 의식적으로 보류하고 상대를 먼저 생각하는 연습을 하는 것이 지요.

셋째, 의식적으로 듣고 반응하기

다음으로 경청은 일상처럼 '그냥' 해서는 안 됩니다. '의식적'으로 듣고 반응해야 합니다."

"의식적으로 해야 한다는 말이 무슨 뜻인가요?"

"대화에서 듣기는 매일 매일의 일상의 일이기 때문에 무심하게 '그냥' 듣습니다. 그리고 무의식적으로 습관대로 반응하는 경향이 있습니다. 자동적으로 무의식적으로 반응하는 것은 거의 '자기중심 관점'입니다. 그러니까 상대가 말을 할 때는 그 사람의 느낌과 욕구에 주의를 기울여 들으라는 의미입니다. 그러려면 의식적이고 적극적인 태도로 임해야 하지요."

이 말을 들을 때 신대리는 영화를 보러 가서 갈등을 일으켰던 사건이 생각났다.

"제가 남자친구와 영화를 보러 갔다가 평소대로 '그냥' 반응해서 갈등이 일어났던 일이 있어요."

"그래요. 어떤 일이 있었는지 말씀해 주시겠어요?"

"제가 'Lady First'라는 말을 자주 사용해요. 영화를 보러 가거나 음식점을 고를 때는 제 주장을 관철하기 위해 말하곤 해요. 그때 그 상황을 말해 볼게요."

강모 : "어떻게 수미씨만 생각해요?"

수미 : "언제 저만 생각했어요. 그러는 강모씨는요! 별로 중
　　　요하지 않은 일은 양보하는 척하고 정말 중요한 일
　　　은 자신이 하고 싶은 대로 하잖아요."

강모 : "데이트에 중요하고 안 중요한 일이 어디 있어요! 같
　　　이 상의할 일도 'Lady First'라면서 자기가 좋아하는
　　　대로만 했잖아요"

수미 : "그래도 그 다음에는 강모씨 의견을 존중해서 양보했
　　　잖아요. 제가 언제 저 좋을 대로만 했어요?"

강모 : "수미씨와는 말이 안 통하네요. 맘대로 보고 싶은 영
　　　화 보세요."

수미 : "그렇게 말하면 내가 못 할 줄 알아요?"

"이렇게 모처럼의 데이트가 엉망이 되었어요. 남자친구는
제 영화 티켓을 끊어주고 자기는 그냥 가버렸어요."

이야기를 듣던 모든 분들이 안타까워했다.

"아이쿠 두 분 다 기분이 정말 안 좋았겠네요."

"네!"

"그럼, 이러한 대화를 의식적으로 상대방 관점으로 보는
공감의 대화 방법으로 고쳐보도록 하죠. 먼저 '어떻게 수미
씨만 생각해요?'라는 말을 듣고 어떤 생각과 느낌이 들었
나요?"

"'나만 생각한다고! 진짜 중요한 일은 제 맘대로 하면서.' 라는 생각이 들었어요. 억울하기도 하고 그렇게 말하는 상대가 미웠어요."

"이번에는 의식적으로 상대방의 관점으로 남자친구의 감정과 느낌을 살펴보시겠어요? 다른 분들이 도와줘도 좋습니다."

"네, 제 입장만 고집해서 못마땅하고 짜증이 났다고 생각되네요."

"그런 상대의 감정을 남자친구와 대화한다고 가정하고 표현해보세요."

"'내가 하고 싶은 대로 하려고 해서 못마땅한 모양이군요.' 이렇게 말하면 되나요?"

"잘하셨어요. 이번에는 제가 남자친구라고 가정하고 반응을 해볼게요. '못마땅한 것은 아니에요. 단지 함께 상의해서 조정할 일도 'Lady First'라면서 수미씨 좋을 대로 하려는 태도가 맘에 안 들어요.' 그럼 수미씨는 어떻게 반응하시겠어요?"

"내가 좋을 대로 했다는 말이 거슬려요. 그런데 상대는 그렇게 생각하니까 기분이 나빴을 것 같아요. 그래서 '내 주장만 고집해서 기분이 언짢아졌군요.'라고 말해줄 거예요."

"그렇게 공감을 해주니까 미안해지네요. 저도 마음을 이해받았다는 생각이 들어서 속에 있는 마음을 말 할 수 있을 것 같네요. '나도 수미씨가 하고 싶은 일을 먼저 존중해 주고 싶어요. 그렇지만 이 영화는 정말 내용이 재미있고 박진감 있어서 보고 싶단 말이에요. 시리즈로 계속 봐 오던 거라구요.'"

"그렇게 마음으로부터 나오는 말을 들으니까 정말 미안해지네요. 상대가 정말 보고 싶은 영화였다는 생각이 들어요. 그래서 이렇게 말해주고 싶어요. '그런 줄 몰랐어요. 이번에는 이 영화 봐요. 나는 액션 영화는 비현실적이고 끔찍한 장면이 많이 나와서 싫었을 뿐이에요. 좋은 영화라면 나도 보고 싶어요. 더군다나 강모씨가 좋아한다면 기꺼이 볼 수 있어요.'"

"저도 그런 말을 들으니 수미씨에게 고맙다고 인사하고 싶어요. '고마워요. 다음에는 수미씨가 보고 싶은 영화 보러가요.'라고 말할 것 같아요."

"이렇게 의식적으로 공감하는 대화를 하니까 상대가 정말 사랑스러워지네요."

참가자분들도 많이 공감되었다.

공감해 줄 기분이 안 날 때

"그런데 상대의 행위나 말로 기분이 상해서 공감해 줄 기분이 안 날 때는 어떻게 하면 좋나요?"

"그럴 때는 '왕처럼 대우받고 싶은 아이'를 달래는 부모라고 생각하시면 좋습니다. 한때 기업에서는 '손님은 왕이다.'라는 타이틀로 많은 영업이익을 보았습니다. 그런데 이 내용이 일부에서는 '손님이면 무엇이든 해도 좋다'라고 잘못 이해되었습니다. 그래서 진상 손님으로 인해 점원과 판매직원들이 정신적으로 어려움을 겪었습니다. 이럴 때 어떻게 하면 좋을까요?"

"글쎄요. 손님과 다투면 영업에 타격을 입을 것이고 그대로 따르려면 많은 정신적 고통과 손해가 생길 것 같네요. 난처하겠네요."

"그럴 경우 '손님은 왕이다.'가 아니라 '왕처럼 대우해 줘야 한다.'로 생각하면 좋습니다. 진상 고객의 경우에는 '왕처럼 대우받고 싶은 철부지 아이'라고 생각한다면 어떨까요? 그러면 보채는 아이를 돌보듯이 상대에게 공감해줄 수 있지 않을까요? 그러면 스트레스가 아닌 오히려 안정감과 여유가 생겨서 정신적이나 정서적으로 상처를 덜 입게 되겠지요."

"좋은 생각이네요. 그래도 어려울 것 같네요."

"그러시겠지요. 한 가지만 더 알려드릴게요. 혹시 개가 개처럼 짓는 것이 이상하나요?"

"아니요."

"그렇습니다. 개가 개처럼 짓는 것이 당연한 것처럼, 진상 고객이 어이없이 말을 하는 것도 당연하다고 생각하시면 됩니다. 그냥 그러려니 하고 들으시고 상대 입장에서 공감해주시면 됩니다."

"그래도 비난당하면 기분이 나쁘잖아요."

"네, 기분이 상하지요. 그럴 때 상대의 감정은 어떨 것 같나요?"

"불만족스러워서 화가 났겠지요."

"네, 그래요. 불만족, 화와 같은 부정적 감정은 상대 것입니다. 상대의 책임입니다. 자신의 채워지지 않은 욕구로 인해 생겨난 부정적인 감정을 상대에게 전가하고 있는 셈이지요."

"그러면 상대 문제를 나에게 전가한다고 생각하라는 말인가요?"

"네, 맞습니다. 그리고 상대가 하는 말을 나에게 주는 선물이라고 생각해보세요."

"선물이라고요?"

"네, 선물이요. 그러니까 욕이나 비난, 불평 등을 말할 때 그런 선물은 받지 않으면 되잖아요. 그리고 격려, 칭찬 또는 사랑의 말은 받으시면 되고요. 받지 않은 말은 되갚아 주지 않아도 됩니다. 만회하려고 복수를 할 필요도 없는 셈이지요."

"와! 그렇네요."

선희엄마는 강의에 만족해서 교육에 등록했다. 그리고 경자엄마와의 오해로 인한 갈등을 상담받기를 원했다. 강사는 선희엄마의 이야기를 듣더니 먼저 편지를 써보라고 했다. 그리고 그 편지를 보내기 전에 자신에게 보내서 수정을 하면 좋겠다고 말했다.

한편 신대리는 오늘 상대방 중심의 철학이 무엇인지 조금 깨달은 것 같았다. 그리고 장과장이 짜증내고 화를 낼 때 자신을 공격하는 게 아니라 스스로 주체할 수 없는 마음을 표현했다고 생각되었다. 그러자 지금까지 장과장으로 인해 받았던 스트레스를 극복할 수 있을 같은 기대가 생겼다.

1) 공감을 잘하려면

- 공감을 많이 받는 환경
- 상대방 중심의 철학
- 의식적으로 듣고 반응하기

2) 공감해줄 기분이 나지 않을 때

- '왕처럼 대우받고 싶은 아이'를 달래는 부모라고 생각한다.
- 진상 고객의 경우 '손님은 왕이다.'가 아니라 '왕처럼 대우받고 싶은 철부지 아이'라고 생각한다.
- 개가 개처럼 짖는 것이 당연한 것처럼 진상 고객이 어이없이 말을 하는 것도 당연하다고 생각한다.
- 상대가 하는 말을 나에게 주는 선물이라고 생각하자. 욕이나 비난, 불평 등을 말할 때 그런 선물은 받지 않으면 된다. 그리고 격려, 칭찬 또는 사랑의 말은 받는다.

3부

갈등 해결을 위한 인식의 변화

01 탁월하네!

신대리는 상대가 조금만 잘해도 칭찬해 주곤 했다. 특히 "탁월하네!"라는 말을 잘 사용했다. 새로 온 팀원이 새로운 시장 개척을 위한 계획서를 잘 작성했다. 오전 업무시간에 신대리는 예외 없이 탁월하다고 칭찬했다. 그 팀원은 생각지 못한 칭찬에 기분도 좋아지고 살짝 고무되었다.

그날 오후 팀원들이 모여서 하는 이야기를 지나치면서 우연히 듣게 되었다.

"야, 너 신대리가 '탁월하다'고 해서 기분 좋았지."

"네, 좋았어요. 왜요?"

"그 말은 누구에게나 흔히 하는 말이야. 나도 처음 몇 번은 그 말을 듣고 기분이 좋았거든. 그런데 신대리는 툭하면 그렇게 말해. 아무 의미 없어."

　신대리는 창피한 마음이 들어 행여 들킬까 급히 그 자리를 피했다. '누구에게나 그렇게 말해. 아무 의미 없어!'라는 직원의 말이 근무시간 내내 머리를 떠나지 않아 불편했다. 상대에게 신뢰를 주지도 못하고 자신이 실없는 사람이 된 것 같아 부끄러웠다. 한편으론 진실로 칭찬한 말이었는데 아무 의미가 없었다고 하니 억울하기도 했다. 그러면서 뭔가 잘 칭찬하는 방법을 찾아보기로 했다. 어떤 책이 있는지 인터넷으로 확인해 보니 관련된 책이 약 1,400권이나 되었다. 그 내용을 살펴보니 대부분 칭찬은 좋은 것이라고 했다.

　'칭찬을 잘하면 고래도 춤추게 할 정도로 좋은 영향력을 끼친다.'

　'칭찬은 아무리 먹어도 살찌지 않는 영혼의 초콜릿이다.' 등등. 하지만 잘못 사용하면 독이 되기도 한다고 하는 책도 있었다. 어떻게 칭찬하면 좋은지 고민이 되었다. 그러다가「소공성」교육 중에도 칭찬에 관한 교육이 있다는 사실을 알게 되었다. 칭찬 교육을 받으면 시간도 절약되고 올바른 칭찬 방법도 터득하게 될 것 같아 기대되었다. 드디어 칭찬을 강의하는 주간이 되어 설레는 마음으로 교육에 참가했다.

포괄적 칭찬 VS 구체적 칭찬

"포괄적인 칭찬은 잘못된 방법입니다. 예를 들어보겠습니다. '정말 대단하네!, 너는 머리가 좋구나, 참 훌륭하네!' 이런 칭찬을 들으면 어떤 느낌이 드시나요?"

이 질문에 많은 대답이 나왔다.

"근거 없는 자만심을 부추길 수 있을 것 같습니다. 제 동생은 머리 좋다는 말만 믿고 공부하지 않다가 낭패를 보았습니다."

"무엇이 대단하고 좋은지에 대해서 아무런 정보도 없습니다. 아무런 긍정적인 영향력이 없을 것 같아요."

신대리도 팀원들이 한 말이 떠올랐다. 그리고 자신의 문제점을 알게 되었다.

"무관심한 의례적 칭찬으로 여길 수 있을 것 같아요."

"자신은 그렇지 않은데 그런 말을 들으면 자신의 부족함이 보여질까 부담도 될 거에요."

"잘 말씀해주셨습니다. 그럼 어떻게 칭찬하면 효과적일까요?"

"포괄적의 반대인 구체적으로 칭찬해주면 되나요?"

"그렇습니다. 칭찬은 구체적으로 해야 합니다. 예를 들면 너는 '머리가 좋다.'를 '기억력이 좋구나.' 라든지 '논리적 생각이 뛰어나네.'라고 말합니다. 이제는 구체적인 칭찬의 장점을 말해보시겠어요?" 참가자들이 많은 장점을 찾아서 발표했다.

- "말로도 격려와 보상이 될 것 같아요."
- "방법과 절차에 대해 긍정적 확신을 줄 수 있어요."
- "더 잘 할 수 있는 방법과 요령을 가르쳐 줄 수 있어요."

"잘 하셨어요. 그 외에도 내적 동기를 강화할 수 있는 장점도 있습니다."

결과 칭찬 VS 과정 칭찬

"다음으로는 결과보다는 과정을 칭찬해야 합니다. 예를 들면 '백 점 받았네.'는 결과를 칭찬하는 말입니다. 이 말을 '열심히 공부하더니 시험성적이 좋게 나왔네.'라고 하면 됩니다. 이 두 가지 칭찬의 차이를 그룹별로 논의해서 문제점과 장점을 말씀해보시기 바랍니다."

그룹별로 두 가지 칭찬의 문제점과 장점을 논의하고 발표했다.

결과에 대한 칭찬의 문제점
- "좋은 결과를 내야 한다는 불안과 스트레스가 생긴다."

- "과정보다는 평가에 집착하여 새롭거나 어려운 과제에 도전을 망설일 수 있다."
- "원치 않는 결과는 타인이나 상황을 탓할 수 있다."
- "장기적으로 도전 의식이나 목표 의식이 없으므로 미래에 대한 꿈이 사라진다."
- "바라는 결과를 위해 부정한 행위도 서슴지 않게 될 수도 있다."
- "과정 중의 실수나 개선할 점은 알기 어렵다."

과정에 대한 칭찬의 장점

- "실패도 하나의 과정으로 인식하게 되면서 결과에 대한 부담을 줄일 수 있다."
- "내적 동기 유지가 쉬울 수 있다."
- "수행과정에서 지혜가 생긴다."
- "선택에 대한 자기 확신이 높아진다."
- "결과가 좋지 않은 경우에도 격려할 수 있다."

"정말 잘하셨어요. 칭찬은 두 가지 방법을 잘 기억하면 좋습니다. '첫째는 포괄적인 칭찬 대신 구체적으로 칭찬한다. 두 번째는 결과 대신 과정을 칭찬한다.' 입니다."

신대리는 회사에서 겪었던 창피한 경험을 얘기했다.

"새로 온 팀원이 계획서를 잘 작성해서 '탁월하다.'고 칭찬

했어요. 그런데 팀원들은 의례 제가 하는 말이라고 아무 의미도 두지 않더라구요. 어떻게 칭찬하면 좋은지 알려주세요."

"여러분이라면 어떻게 칭찬하면 효과적인지 말씀해보세요."

"'계획서가 잘 작성되었네요. 아이디어가 좋아요. 수고했어요.' 혹은 '열심히 노력하더니 좋은 계획서를 만들었네요. 수고했어요.' 이렇게 말하면 어떨까요?"

"잘했습니다. 여기에 자신이 느낀 긍정적인 감정을 말하는 방법도 좋습니다."

"'계획서 아이디어가 참신해서 좋아요. 새로운 방법을 알게 되어 고마워요. 수고했어요.' 이런 식으로요?"

"네, 상대의 노력에 대한 칭찬뿐 아니라 고마움을 표현하니 더 좋네요."

칭찬이란?

"첫째, 칭찬은 가치 있고 소중한 존재로 느끼게 만들어줍니다. 도나힉스 박사의 『관계를 치유하는 힘, 존엄』이란 책에는 자신의 안전을 보장받는 두 가지 다른 방식이 있다고 합니다. 하나는 자기보존 본능인 '보살핌'이구요 다른 하나는 자기 확장 본능인 '어울림'이라고 합니다. 어울림의 욕구로 인해 관계 안에 소속되지 않으면 죽음의 공포로 불안을 느낀다고 합니다. 이러한 존재의 불안을 해소하고 자기 가치의 소중함을 알려주는 일 중 하나가 칭찬입니다. 그래서 칭찬은 존재를 긍정하는 힘이 있습니다. 어느 책에 보니 '귀로 먹는 보약'이라고 했습니다."

"'귀로 먹는 보약' 정말 멋진 표현이네요."

"두 번째로 칭찬은 사랑의 표현입니다. 사랑의 반대는 증오가 아니라 무관심이라고 합니다. 무관심의 반대는 관심입니다. 관심의 표현이 칭찬이라면 칭찬은 곧 사랑의 표현입니다."

"그런 것 같네요."

"제가 내린 칭찬의 정의는 다음과 같습니다. 장점과 존재의 가치를 찾아내어, 인정하고, 긍정하는 관심과 사랑의 표현이다. 이 정의가 주는 의미를 정확히 이해할 때 올바른 칭찬을 할 수 있어서 중요합니다."

"칭찬은 장점뿐 아니라 존재가치를 높이는 일입니다. 그래서 상대를 있는 그대로 사랑할 수 있도록 노력해야 합니다."

"찾아내고 인정하고 긍정하려면 관심과 사랑의 마음이 필요하겠네요."

"그래요. 상대를 잘 관찰하고 상대 입장에서 생각해보는 태도로 임해야 올바른 칭찬을 할 수 있습니다."

"그런 칭찬을 받으면 그 직원은 상사를 존중하게 될 것 같아요."

칭찬의 효과

"네 칭찬은 서로의 마음을 열게 하는 효과가 있습니다. 칭찬을 받은 사람은 존중받고 배려를 받고 있단 생각에 마음이 안정됩니다. 그리고 편안해지며 자신감도 생기게 됩니다. 그리고 칭찬과 격려를 해주는 사람은 상대로부터 존경받게 되구요. 이렇게 칭찬을 주고받는 환경이 조성되면 두 사람의 관계는 돈독해지고 친밀해집니다."

"그런 정서적 유대감이 생기면 서로 마음을 열게 되겠네요. 서로 신뢰도 쌓이게 되고 좋은 관계를 만들어갈 수 있겠네요."

"생떽쥐베리의 「어린 왕자」에 나오는 말입니다. '세상에서 가장 어려운 일은 사람이 사람의 마음을 얻는 일이란다. 각각의 얼굴만큼 다양한 각양각색의 마음은 순간에도 수만 가지의 생각이 떠오르는데, 그 바람 같은 마음을 머물게 한다는 건 정말 어려운 일이란다.' 인간관계에서 상대의 마음을 열고 마음을 얻는 일은 쉬운 일이 아닙니다. 칭찬은 상대의 마음을 열게 하고 마음을 얻을 수 있는 좋은 방법입니다."

"칭찬의 효과는 많이 있잖아요. 예를 들면 자신감을 높인다.

동기를 자극하는 언어적 보상이다. 피그말리온 효과* 처럼 '칭찬한 대로 긍정적으로 변화한다', '자신이 몰랐던 장점을 알 수 있다' 등등 처럼요. 그 외에 다른 장점이 있다면 알려주세요."

"칭찬의 효과에 대해서 정말 잘 알고 있네요. 생소할지 모르지만 '자기 통제력을 키우는 효과'가 있다고 합니다."

"자기 통제력과 칭찬이 연관이 안 되는 것 같아요."

"네, 그러실 겁니다. '자기결정성 이론'의 창시자인 에드워드 L. 데시 교수가 『마음의 작동법』에서 주장한 내용을 근거로 알 수 있습니다. 그는 사람은 동물과 달리 통제와 복종(순종)으로 다루기 어렵고, 자율과 책임에 중점을 둔 행동 관리가 바람직하고 효과적이라고 주장합니다. 자율과 책임은 칭찬을 통해서 동기부여가 될 때 더 효과적으로 얻어질 수 있습니다. 그리고 칭찬이 변화된 행동을 강화할 수 있습니다. 그리고 변화된 행동을 유지시키는 것도 칭찬의 힘을 빌려야 가능합니다."

"자기 통제력을 키우려면 잔소리나 통제보다는 칭찬의 역할이 더 크군요."

---

* 정신을 집중해 어떠한 것을 간절히 소망하면 불가능한 일도 실현된다는 심리적 효과. 그리스 신화의 피그말리온 일화에서 유래하였다.

회사 상사 칭찬하는 방법

"그렇네요. 회사에서 상사 분을 칭찬하는 방법이 있나요?"

"상사의 권위를 인정하고 존중해주는 태도가 칭찬이라고 생각합니다. 필요하고 중요한 일은 상사에게 알리고 의견을 구하는 태도를 보이면 좋습니다. 그러면 상사는 어떤 마음이 들까요?"

"자신이 존재가치가 올라가고 회사에서의 자신의 위치를 인식하게 되어서 기분이 좋아지게 될 것 같네요."

"저도 그렇게 생각합니다. 그리고 자신이 인정받고 존중받는다는 생각에 자존감도 올라가게 됩니다."

이렇게 칭찬 교육을 마쳤다. 신대리는 올바른 칭찬 법에 대해서 알게 돼서 기뻤다. 앞으로는 진심으로 상대를 존중하는 마음으로 칭찬하리라 다짐했다.

1) 구체적 칭찬(O) vs 포괄적 칭찬(X)

예문)

포괄적인 칭찬 : "정말 대단하네!, 너는 머리가 좋구나! 참 훌륭하네!"

구체적인 칭찬 : "기억하는 방법이 아주 좋구나."

2) 과정에 대한 칭찬(O) vs 결과에 대한 칭찬(X)

예문)

결과에 대한 칭찬 : "100점 맞았네."

과정에 대한 칭찬 : "열심히 공부하더니 시험 성적이 좋게 나왔네."

3) 칭찬이란?

장점과 존재의 가치를 찾아내어, 인정하고, 긍정하는 관심과 사랑의
표현이다.

4) 칭찬의 효과

- 서로의 마음을 열게 한다.
- 자기 효능감/자신감을 높인다.
- 동기를 자극하는 언어적 보상
- 피그말리온 효과
- 자기 통제력을 키운다.
- 자신이 몰랐던 장점을 알 수 있다.

5) 회사 상사 칭찬하는 방법

상사의 권위를 인정하고 존중해주는 태도이다. 필요하고 중요한 일
은 상사에게 알리고 의견을 구하는 태도를 보이면 좋다.

02 실수에 대한 건강한 이해

　장과장으로 인해 스트레스를 받고 있는 상황에서 뜻하지 않은 사건이 생겼다. 신대리가 속해 있는 새로운 시장 개척 팀에서 구상하던 영업 전략이 맞지 않았다. 회사는 손해를 보게 되었고 영업적인 면에서도 많은 혼란이 생겼다. 그 원인을 조사해보니 신대리의 실수로 데이터를 잘못 분석해서 예측이 잘못되었기 때문이었다. 이 사실이 알려지면서 신대리는 너무 괴로웠다.

　'아! 그때 좀 더 주의를 했어야 했는데.'라는 후회와 함께 스스로 자책하기에 정신이 없었다. '나는 역시 안 돼. 이런 실수를 한다는 게 말이 돼. 나는 이제 끝이야.' 그러면서 앞으로의 일들이 걱정되었다.

'이러다가 회사에서 잘리면 어떻게 하지.'

'직장도 없으면 내 인생은 끝장이야.'

'강모씨도 내가 직장이 있으니까 좋아했지 직장이 없으면 더 이상 관심 없겠지.'

'강모씨와 헤어지고 나면 나이도 많은데 결혼은 생각도 못 하겠지.'

이런 생각이 들면서 잠을 잘 수 없을 정도로 고통스러웠다. 그리고 이 문제를 해결하는 새로운 전략을 세워야 하는데 엄두도 내지 못할 것 같았다.

다음날 억지로 출근을 했지만 눈치가 보이고 회사 직원들을 볼 면목이 없었다. 장과장도 상사 분들에게 야단을 맞아서인지 얼굴은 붉어져 있고 기분 나쁜 표정이 역력했다. 아침 회의에서 장과장이 소리치며 야단을 치자 신대리는 더 이상 참을 수 없어 자리를 박차고 나가버렸다. 잠시 후에 장과장과 팀원들이 전화를 하고 문자를 보내자 핸드폰을 꺼버렸다. 그리고 무작정 거리를 걷다가 남산으로 올라가서 바람을 쐬고 싶어졌다. 케이블카를 타고 올라가서 남산공원으로 올라갔다. 케이블카 아래로 보이는 풍경은 너무나 평온하고 아름다웠지만 눈에 들어오지 않았다. 무작정 남산공원에 올라왔지만 혼란스럽고 괴로운 마음은 여전했다. 이제 뭘 할까 망설이고 있는데 남산 서울타워가 보였다. 서울에 살았어도 바빠서 한 번도 올라가 보지 않은 곳이었다. 저곳에 올라가

탁 트인 전망을 보면 마음이 위로받고 시원해질 것 같았다. 그래서 표를 사서 올라갔다. 7층 전망대는 사방이 유리로 되어있어 서울의 모든 곳을 한눈에 볼 수 있었다. 그런데 예상과 달리 미세먼지로 인해 지금 자신의 마음처럼 서울 시내가 온통 흐릿흐릿했다. 답답하고 괴로운 마음에 서울 풍경을 보는 일도 지겨워졌다. 그리고 지난밤에 잠을 못 자서인지 매우 피곤했고 어디에선가 쉬고 싶었다. 4층에 있는 찻집으로 내려가 자리를 잡았다.

차 한잔하면서 마음을 다 잡아보려 했지만 여전히 불안하고 흔들렸다. 그때 문득 누군가에게 자문을 구하고 싶었다. 선희도 생각나고 강모씨와 엄마도 생각났다. 하지만 그들에게 걱정 끼치게 될까 염려되어 포기했다. 그러다가 전문 상담사인 「소공성」 강사에게 자문을 구하면 좋을 것 같았다. 전화를 걸려고 핸드폰을 다시 켜자 엄청난 문자가 와 있었다. 흠칫 놀랐지만 먼저 「소공성」 강사에게 전화를 했다.

신대리: "여보세요. 「소공성」 강의를 듣는 신수미입니다."

상담사: "이, 네, 안녕하세요. 반갑습니다."

신대리: "네, 제가 고민이 있어서 잠시 상담하려고요. 시간 되세요?"

상담사: "10분 정도는 시간이 되네요."

신대리: "다행입니다. 걱정도 되고, 마음이 흔들려서 안정이

안 돼서요.”

상담사: “아! 지금 많이 힘드시군요. 무슨 일이신지요?”

신대리: “제 실수로 회사에 많은 손해를 끼쳐서 많이 불안하고 괴로웠어요. 그런데 아침 회의시간에 상사분이 야단쳐서 순간적으로 그냥 자리를 박차고 나와버렸어요.”

상담사: “괴로워서 회사를 나왔군요.”

신대리: “네, 지금은 거리를 방황하다 남산 서울타워에 있는데 마음이 진정되지 않고, 뭘 어떻게 해야 할지 모르겠어요.”

상담사: “그러시군요. 많이 괴로우시겠네요. 제가 두 가지를 알려 드릴 테니 그대로 해보세요.”

신대리: “두 가지라고 했나요?”

상담사: “네, 실수나 잘못을 해서 긴장되고 창피하고 괴로울 때 누군가가 ‘괜찮아’라고 위로해준다면 어떨 것 같나요?”

신대리: “마음이 좀 안정될 것 같아요.”

상담사: “그렇게 자신을 위로해줄 누군가와 대화를 나누시면 좋습니다. 그리고 위로해 줄 사람이 없다면 자신에게 스스로 ‘괜찮아!’라고 말해주면 됩니다.”

실수해서 괴로울 때 위로해 줄 사람이 없다면 스스로 ‘괜찮아!’라고 말해준다.

신대리: "그런데 지금 제 마음이 혼란해서 그렇게 말해도 효과가 없을 것 같아요."

상담사: "그러시군요. 그렇게 감정적으로 동요가 심할 때 마음을 가라앉히는 간단한 방법이 있습니다. 스트레스로 힘들 때, 걱정과 두려움이 밀려올 때도 효과적입니다. '버터플라이 허그'라고 하는데 양손을 양쪽 가슴에 안고 왼쪽 오른쪽을 번갈아 토닥이면서 '괜찮아!'라고 하면 됩니다. 이 방법은 루시나 아티가스 (Lucina Artigas)라는 상담사가 1997년도 멕시코의 아카풀코 허리케인의 생존자들의 심리적 불안을 치유하는 작업 중 개발한 방법입니다. 이 치료적 이론은 '양측성 자극 운동'입니다. 양쪽 뇌를 계속 사용하면 뇌가 말랑말랑해져서 긍정적인 말도 수용하게 된다고 합니다. 양측성 자극 운동에 좋은 방법은 산책입니다. 산책을 하면 자동적으로 양쪽 뇌를 사용하게 되기 때문이라고 합니다."

신대리: "네, 산책하듯이 남산공원길을 내려가면서 스스로 위로해주면 좋겠네요."

- 감정적으로 동요가 심할 때 '양측성 자극 운동'으로 마음을 가라앉힌다.
- '양측성 자극 운동' 방법은 '버터 플라이 허그'와 산책

이 있다.

상담사: "네. 약간 시간이 남았는데, 다른 문제도 상담해드릴 수 있어요."

신대리: "순간적으로 자리를 박차고 나와서 회사에서 어떻게 생각할까 걱정돼요. 어떤 말을 하고 어떻게 대처하면 좋을까요?"

상담사: "배운 대로 먼저 공감을 해주고 자신의 심정을 표현하면 좋을 것 같아요. 이 일로 제일 충격 받은 분이 누구인가요? 직장 상사인가요?"

신대리: "저희 팀장인 장과장님 일 것 같아요."

상담사: "그분의 마음은 어떠했을 것 같나요?"

신대리: "그러니까 그분이 많이 놀라고, 당황하고 화났을 것 같아요."

상담사: "그 마음을 공감해 보시겠어요."

신대리: "네, 장과장님 제가 말씀하시는 도중에 나가서 많이 당황하고 화났겠네요. 미안해요."

상담사: "잘했어요. 이번에는 자신의 심정을 표현해보시죠."

신대리: "제가 너무 괴롭고 힘들어서 못 참을 것 같아서 나왔어요. 잠시 마음을 추스르려 했어요. 이제 다시 회사로 돌아갈게요."

상담사: "잘하신 것 같아요."

신대리: "그런데요. 막상 회사에 가면 말을 못할 것 같아요."

상담사: "그러면 먼저 그 내용을 문자로 보내면 어떨까요?"

신대리: "그게 좋겠네요. 감사합니다. 그리고 오늘 저녁에 상담이 되나요?"

상담사: "오늘은 선약이 있어서 어렵습니다. 이번 회기「소공성」교육이 '실수했을 때 마음의 자세'라는 주제입니다. 이 교육을 받고 나서 상담을 하면 어떨까요?"

신대리: "네, 그렇게 해요."

전화 상담을 마친 후 신대리는 어느 정도 안정되었다.

먼저 장과장에게 문자를 보냈다.

"장과장님! 제가 말씀 도중에 나가서 많이 당황되고 화나셨겠네요. 미안합니다. 제가 너무 괴롭고 힘들어서 못 참을 것 같아서 나왔어요. 잠시 마음을 추스르려 했어요. 이제 다시 회사로 돌아갈게요."

그리고 걱정하는 팀원들도 생각나서 문자를 보냈다.

"제가 회의 중에 갑자기 나가서 많이 당황되고 걱정되었겠네요. 미안합니다. 너무 괴롭고 힘들어서 못 참을 것 같아서 나왔어요. 잠시 마음을 추스르려 했어요. 이제 다시 회사로 돌아갈게요. 필요한 서류가 있으면 제 책상 위에 놓아주세요."

이렇게 문자를 보내고 나니 마음이 한결 가벼워졌다.

그리고 케이블카를 타는 대신 걸어서 스스로 위로하면서 남산공원길을 내려왔다.

마음이 조금 안정되고 나니 내려오는 길에 남산공원의 아름다운 풍경이 눈에 들어왔다. 그리고 산책하면서 스스로 위로한 덕분인지 예상보다 더 마음이 차분해지고 안정이 되었다.

'그래, 누구나 실수할 수 있는 거야.' '어차피 일어난 일이야. 뒷처리를 잘하면 돼.'

'이로 인해 문제가 생기면 책임을 지면 돼.'라는 긍정적인 생각도 들기 시작했다.

늦은 오후 회사에 도착했다. 마음이 꺼림칙하고 힘들었지만 부딪쳐야 할 일이라 생각돼서 용기를 내서 들어갔다. 의외로 장과장이 야단을 치거나 소리치지 않고 조용히 쳐다보기만 했다. 장과장에게 먼저 가서 미안하다고 하고 문제를 빨리 처리하겠다고 말했다. 장과장은 다음날까지 문제해결 방법을 간구해서 보고하라고만 말했다.

회의에 무단이탈한 사건이 미안해서인지 밤늦도록 일해도 피곤하지 않았다. 마음도 안정이 되어서 잘못 해석한 정보의 원인을 빨리 찾아낼 수 있었다. 해결방법을 간구하기만 하면 이 사건을 어느 정도 무마할 수 있을 것 같았다. 팀원들도 퇴근도 하지 않고 옆에서 신대리의 일을 도와주었다. 너무 고마웠다. 그런데 역시나 뺀질이 박사연씨는 예외 없이 정시에 퇴근했다. 신대리는 자신의 입장을 전혀 배려하지 않는 박사연씨가 얄미웠다.

신대리와 팀원들은 잘못 분석한 정보의 원인을 토대로 문제 해결방법을 세울 수 있었다. 이 사건은 잘 마무리 될 수 있을 것 같았다. 이렇게 마음을 다잡아갔다. 며칠 후 여전히 경황이 없고 불안했지만 간절한 마음으로 「소공성」 교육을 받으러 갔다.

"오늘은 실수와 잘못했을 때 어떤 마음가짐을 가지면 좋은지를 알려드리겠습니다. 실수했을 때 어떻게 하나요? 그룹별로 의논해서 발표해주세요."

그룹별로 각자의 생각을 나누고 정리해서 발표했다. 발표 내용은 다음과 같았다.

- "후회한다."
- "자책한다. 심각한 경우에는 병적인 자기비난을 한다. 예를 들면 '이런 멍청이 같으니라고.' '네가 항상 그렇지 뭐. 네가 할 줄 아는 게 뭐냐?' 등"
- "자신을 방어하기 급급해서 상대 탓을 하거나 원망 혹은 변명을 한다."

"네, 그렇습니다. 이렇게 비난하는 내면의 목소리는 마치 녹음된 카세트를 틀어 놓듯이 반복됩니다. 결국 내면의 비평가가 스스로를 비난하고 자존감을 떨어뜨리고 부정적인 감정을 일으키게 됩니다."

"실수를 하면 자존감이 왜 떨어지는지 알려주세요."

"네, 첫째는 실수하거나 잘못했을 때 자신을 비판하도록 배워왔기 때문입니다. 어렸을 때를 회상해보면 쉽게 알 수 있습니다. 부모들은 아이들의 잘못된 말이나 행동을 고치기 위해 끊임없이 야단치고 꾸지람을 합니다. 어느 심리학자가 조사한 바에 의하면 다섯 살이 될 때까지 부모님에게 들은 비난이 약 4만 번 정도라고 합니다. 그러면 하루에 약 22번 정도입니다."

그러자 어느 분이 말했다.

"하루 22번이요? 그보다 더하면 더했지 덜하지는 않습니다. 제가 체력단련을 위해 수영장에 갑니다. 그런데 수영을 가르치는 코치가 쉴 새 없이 아이들에게 주의를 주고 야단을 쳤어요. 아마도 안전이 걱정되고 아이들도 잘 가르치려고 그랬을 겁니다. 하지만 불과 한 시간 동안 제가 들은 비난이 100회가 넘는 것 같아요. 아마도 강사님이 말하는 통계는 외국이라서 그런 것 같아요. 한국은 더 많을 것 같아요."

많은 분들이 웃었지만 왠지 씁쓸하기만 했다.

실수했을 때 자존감이 떨어지는 이유 1.

실수하거나 잘못했을 때 자신을 비판하도록 배워왔기 때문이다.

"두 번째는 존재가 형편없다고 비난받고 야단맞았기 때문입니다. 반복해서 듣는 비난은 마음에 새겨져서 내면화됩니다. 이렇게 내면화된 자기비하는 스스로를 비난하게 됩니다. 우리는 말이나 행동에서 잘못을 할 수 있습니다. 그런데 비난하는 말은 대부분 그 존재를 말하고 있는 경우가 많습니다. 그러한 말로 인해 존재가 문제가 있고 형편없다고 느껴지게 되기 때문입니다."

누군가가 실제 예화를 들어주면 좋겠다고 했다.

"그래요 그럼 예화를 들어보겠습니다. 실수했을 때 '아! 또 실수했네. 역시 나는 형편없어.'라고 말하는 경우가 있지요. 그 내용은 후회와 자기 비난이고 수치심과 절망을 느끼게 됩니다. 결과는 자존감이 떨어집니다."

"그렇네요."

"다른 예도 들어볼게요. '그렇게 하지 말았어야 하는데.'라고 후회하는 경우입니다. 이때 후회하고 스스로 한심하다고 느낍니다. 결과로 자존감이 낮아지고 실수가 주는 교훈을 생각할 여지가 없어집니다."

실수했을 때 자존감이 떨어지는 이유 2.

존재가 형편없다고 비난받고 야단맞았기 때문이다.

"그러면 실수했을 때 자존감에 영향도 미치지도 않고 반면교사(反面教師, 사람이나 사물 따위의 부정적인 면에서 얻는 깨달음이나 가르침을 주는 대상을 이르는 말)로 활용할 수 있는 방법이 있을까요?"

"네, 어느 심리학자는 '실수가 우리의 모습을 만들어 내는 것이 아니다. 실수에 반응하는 우리의 태도가 우리의 모습을 만들어 낸다.'라고 말했습니다. 이 말은 실수를 어떻게 받아들이느냐에 대해서 의식의 차이가 중요하다는 점을 강조하고 있습니다. 실수를 올바로 인식하고 재구성하면 실수에 올바로 대처할 수 있습니다. 올바른 인식을 하기 위해서는 '실수'를 정확히 이해해야 합니다. 사람에게 진정한 변화는 의지의 영역이 아니라 인지의 영역이라고 합니다. 여러 번 다짐하는 것보다 한 번 깨닫는 것이 필요하다는 뜻이겠지요. 팀별로 여러분이 생각하는 실수의 의미를 생각하고 논의해서 정리해 보세요. 그리고 발표하시기 바랍니다."

사람에게 진정한 변화는 의지의 영역이 아니라 인지의 영역이다.

팀별로 실수의 의미를 정리하고 발표했다. 그 중에는 서로 중첩되는 내용도 있고 새로운 발상의 생각도 있었다. 발표를 마친 후 강사가 실수의 의미를 정리했다.

"실수의 의미는 크게 네 가지로 나눠서 생각해 볼 수 있습니다. 첫째, 실수는 필연적입니다. 둘째, 실수는 나중에 깨닫는 것입니다. 셋째, 실수를 거울 삼아 배울 수 있습니다. 넷째, 실수를 인정하고 두려워하지 말아야 합니다."

실수는 필연적이다

"첫째로 실수는 필연적이라고 했는데, 인간은 실수를 피할 수 없다는 말이겠네요."

"네, 우리는 매일 실수를 합니다. 그리고 죽기 전까지 계속 실수를 하고 피할 수도 없습니다. 그렇다면 실수를 어떻게 생각해야 할까요?"

"그러고 보니 실수는 우리 삶의 자연스런 일부분이네요. 실수는 '있을 수 있는 일'이라고 인정하고 수용해야겠네요."

"네, 맞습니다. 행동과 말의 실수, 서투른 결정과 그로 인해 놓쳐버린 기회, 선택의 실수, 업무 실수, 사회적인 낭패, 실수로 인해 빚어진 갈등, 힘든 대인관계 등등 모든 실수를 허용해야 합니다. 그리고 실수하면 물질적으로 시간적으로 손해를 보고 정신적으로 아픔이 뒤따릅니다. 즉 실수로 인해 고통을 받았고 이미 그 대가를 치렀습니다. 이러한 자신을 자책하거나 후회하는 일은 이중으로 처벌하는 셈이 됩니다. 그러니까 스스로 비난하거나 처벌하지 말고 용서해야 합니다. 어떤 방법으로 용서하면 좋을까요?"

"잘~ 용서하면 되겠네요."

참가자들이 함께 웃었다.

"제가 좋은 방법을 알려드릴게요. 여러분의 가장 친한 친구를 떠올려보세요. 그 친구가 실수해서 괴로워하고 있을 때 여러분은 어떻게 합니까?"

"괜찮다고 위로해주고 마음을 달래 주려 하겠지요."

"네, 그렇게 자기 자신에게 위로해주시면 됩니다. 그러니까 마치 친한 친구에게 하듯이 자신의 실수를 인정하고 용서하는 태도를 취하면 좋습니다."

마치 친한 친구에게 하듯이 자신의 실수를 인정하고 용서하는 태도를 취하라.

"그거 좋은 방법이네요. 마치 친구처럼 자신에게 용서하면 좋겠네요. 그런데 실수로 다른 사람이 손해를 본 경우에는 어떻게 하면 좋지요?"

"네, 그럴 때는 실수에 대한 책임을 져야 하지요. 예를 들어 실수로 화를 내서 상대 마음이 상했다면 공감해주고 미안하다고 사과하면 좋습니다. '제가 화를 내서 기분 나쁘셨겠네요. 미안합니다. 순간적으로 감정을 통제하지 못했습니다.'"

"네, 책임을 지면되겠네요. 그런데요 실수로 물건을 잊어버리거나 손해를 보게 되면 마음이 정말 고통스럽든요. 위로의 말과 함께 아픈 마음을 달랠 수 있는 다른 방법은 없나요?"

"네, 있습니다. 제가 물건을 자주 잃어버려서 매우 힘들었거든요. 제가 잃어버린 우산만 100개가 넘어요. 출근할 때 비가 오면 가지고 갔다가 돌아올 때 비가 그치면 잊어버리고 안 가지고 오는 경우가 다반사입니다. 그래서 저희 집에서는 좋은 우산은 저에게 주지 않습니다. 비가 오는 어느 날은 아침에 기도를 했어요. '제발 우산을 잃어버리지 않게 해 주세요.'라구요. 다행히 그날 우산은 잃어버리지 않았습니다. 그런데 핸드폰을 잃어버렸어요."

교육받으시는 분들이 전부 "와"하고 웃었다.

"정말 많이 고통스럽겠네요. 강사님 뿐 아니라 식구들 모두가 마음 아프겠어요."

"네. 어떤 때는 여름 양복을 지하철에 놔두고 내려서 잃어버렸고, 새로 산 LED 스탠드도 차 안에 두고 내려 잊어버렸어요. 노트북용 전원 코드나 핸드폰 충전 코드를 행사장에 놔두고 오기도 하구요. 저뿐 아니라 식구 모두가 물건을 잃어버릴 때마다 고통스럽다 못해 쓰라리기까지 했어요. 이러한 고통을 줄이기 위한 대안을 생각하다 '실수도 삶의 일부분이니까 비용을 지불하자'는 깨달음이 생겼어요."

"그러면 일정 부분을 '실수비'로 책정하고 봉급에서 떼서 따로 관리하기로 했나요?"

"네, 맞아요. 그러니까 실수로 손해가 발생해도 '실수비로 충당하면 되지 뭐!'하는 마음에 고통이 많이 줄어들더라구요. '실수비'가 남으면 연말에 불우이웃 돕기 성금으로 내기로 했어요. 실수가 줄어들어 감사한 마음을 이웃과 함께 나누려구요."

'실수비'를 책정한다. 실수도 삶의 일부분이니까 비용을 지불하자.

"좋은 아이디어네요. 그리고 괴로움도 많이 줄어들겠네요."

실수는 나중에 깨닫는 것이다

"둘째로 실수는 나중에 깨닫는 것입니다. 어떤 말이나 행동을 한 그 순간은 나름 합리적이고 최선이라고 생각되는 것을 선택했을 것입니다. 나중에 회고했을 때 행동에 대한 판단과 해석의 결과로 '실수'였다고 알게 되지요. 결국 실수는 나중에 알게 된 일 그 자체이고 누구나 겪는 삶의 일부분입니다. 자신의 자존감과는 아무 상관없습니다. 실수한 후 자책하거나 후회하는 말은 스스로 존재가치를 낮추고 자아 존중감을 떨어뜨립니다. 단지 행동의 실수일 뿐인데 자신의 존재를 비난하고 수치심으로 연결시키고 있음을 알 수 있습니다."

"실제로 자존감에 영향을 미치지 못하게 하는 방법을 실습하면 좋겠어요."

"좋아요. '나는 정말 실수투성이야. 멍청이 같아.' 이렇게 존재가 형편없다고 자책할 때 어떤 말로 자존감을 회복할 수 있을까요?"

"'멍청이'라는 말에 자존감이 무너지는 것 같아요. 그러니까 '나는 실수를 자주 하지만 멍청이는 아냐.' 이렇게 말하면 되나요?"

"잘하셨어요. 그러면 '실수를 반복하고 있어. 나는 역시 안 돼' 이렇게 자신이 무능하다고 확인하고 열등감을 느끼는 경우에는 어떻게 할까요?"

"노력해도 실수를 반복하는 경우가 있잖아요. 그게 인간이기도 하구요. 그래서 '실수를 반복했을 뿐이야. 다시 대안을 찾아봐야지. 그래도 안 되면 어쩔 수 없지. 내가 못할 수도 있어.' 이렇게 하면 어떨까요?"

"정말 잘 하셨어요. 그렇게 하면 됩니다."

신대리는 실수로 회사에 손해를 끼쳐서 마음고생을 많이 했다. 그런데 실수가 필연적이고 나중에 깨닫는 것이라는 말에 위로를 받았다.

실수를 거울 삼아 배울 수 있다.

"셋째로 실수했을 때 보통 잃은 것만 생각합니다. 그러나 실수를 통해서 얻는 것도 많습니다. 무엇을 얻었을까요?"

참가자들은 실수를 통해 얻는 것에 대한 의견을 말했다.

실수를 통해 얻는 것들
• "잘못된 행동, 생각이나 인식을 알게 하겠지요."

- "목표 달성을 위해 무엇이 필요한지 알려줄 것 같아요. 마치 좋은 피드백처럼요."
- "에디슨은 '수천 번의 실험은 결코 실패가 아니었다. 나는 단지 그렇게 해서는 전구가 만들어질 수 없다는 수천 가지의 사례를 발견한 것뿐이다.'라고 말한 것처럼 성공을 향해 나아가는 단계의 과정인 것 같아요."

"잘 말씀해주셨어요. 실수는 배움과 성장에 꼭 필요한 부분입니다. 실수 없이 새로운 사실을 깨닫거나 기술이나 과업을 배울 수 없습니다. 실수란 주고받는 의사소통과 같아서 성공하기 위해 무엇이 필요한지 우리에게 이야기해 줍니다."

신대리는 잠시 이번 실수로 일어났던 사건으로 무엇을 배울 수 있을지 생각해봤다. '왜 내가 실수를 했을까?' 데이터 분석을 자신 혼자서 처리하고 있다는 사실을 알게 되었다. 데이터를 분석하는 일을 함께 공유하고 의견을 들었다면 실수를 막을 수도 있었다. 그러면 '어떻게 정보를 공유할까?'라는 생각이 들었다. 순간 팀원들 중에서 가장 분석을 잘하는 뺀질이 박사연이 생각났다. '그가 함께 한다면 자료 분석도 더 풍성해지고 객관화될 수 있다.'고 생각되었다. 그런데 그는 뺀질이라 얄미워서 함께 업무를 하고 싶지 않았다. 이 부분을 어떻게 해결하면 좋을지 고민되었다.

실수를 인정하고 두려워하지 말자

"넷째로 '실수를 인정하고 두려워하지 말라' 입니다. 실수를 인정하지 않고 두려워하는 사람들은 주로 완벽주의 성향의 사람들입니다. 완벽하게 일을 처리하려고 노력하거나 추구하는 것이 왜 나쁘냐고 반문하는 분들이 있습니다. 그래서 하버드대 심리학 교수인 '탈벤 샤하르'의 정의를 알려드리고자 합니다. 탈벤 샤하르 교수는 『완벽의 추구』라는 책에서 신경증적 완벽주의와 건강한 완벽주의를 구분하였습니다. 완벽주의는 완벽하게 일을 처리해야만 한다고 생각합니다. 반면에 완벽하게 일을 처리하려고 노력하거나 추구하는 것은 최적주의라고 했습니다."

"완벽하게 일을 처리하려고 노력하는 것은 완벽주의가 아니라 최적주의군요. 이제 개념이 잘 정리되었어요."

"네. 실수를 인정하지 않고 모든 일을 완벽하게 해야 한다고 생각하면 많은 부작용이 생깁니다. 어떤 부작용이 생길까요?"

"실수하지 않으려고 하니 긴장하게 되고 불필요한 심리적 에너지 소모가 많아지게 될 것 같아요."

"그래요. 그러면 쉽게 지치게 되고 신경이 날카로워집니다. 실수했을 때 스스로를 비난하고 채찍질함으로 자존감을 떨어뜨리기도 하구요. 그리고 비난으로부터 스스로를 방어하고 책임을 회피하느라 급급해합니다. 그래서 실수를 두려워하게 되고 심리적으로 위축됩니다. 이런 분들은 새로운 일, 창의적인 일은 엄두도 내지 못할 뿐 아니라 자발성마저 떨어집니다."

"그러면 실수를 '있을 수 있는 일'이라 인정하면 강박적이고 자학적인 완벽주의 성향은 완화될 수 있나요?"

"그렇습니다. 실수를 하나의 경고 신호로 간주하면 두려움에서 어느 정도 해방될 수 있습니다."

실수를 인정하고 하나의 경고 신호로 간주하라.

실수에 대처하는 마음의 자세

"실수했을 때 책임을 지고, 실수에서 배우고, 대안을 세우는 마음의 자세를 가지면 됩니다. 먼저 책임을 지는 행위에 대해서 생각해보겠습니다. 책임을 지지 않으면 다른 사람들에 의해서 비난받을 수 있고 자존감에 더 나쁜 영향을 미치게 된다. 책임의 영어단어는 responsibility입니다. 이 단어는 두 단어가 합쳐진 것이라고 합니다. 어떤 단어인지 생각해보세요."

"Response(반응, 응답, 대답)와 Ability(능력)의 두 단어인가요?"

"맞습니다. 책임은 '반응의 능력'이라고 말할 수 있습니다.

실수했을 때 자신의 행동에 대해서 반응하고 책임지는 사람이 자존감도 높고 성숙한 사람입니다."

"책임을 진다는 의미는 실수를 수용한다고 볼 수 있겠네요. 이러한 태도를 가지면 실수가 주는 교훈을 깨닫게 되기도 하구요. 좀 더 나아가서 대안도 마련하게 될 것 같네요."

"그렇습니다. 예를 들어보겠습니다. 몇 번을 다짐했는데 상대에게 공감해주지 못하고 화를 내는 실수를 했습니다. 이렇게 말로 실수했을 때 다음과 같이 두 가지로 반응한 상황을 가정해보겠습니다. 먼저는 자신을 자책하거나 후회할 때 어떻게 반응하게 될까요?"

"자신을 방어하느라 실수가 주는 교훈을 생각할 여지가 없을 것 같아요. 그리고 실수로 드러난 문제점을 알지도 못하게 되구요."

"잘했습니다. 이번에는 책임지고 수용할 때는 어떻게 할 것 같나요."

"상대 마음을 상하게 한 말에 대해 책임지고 공감해주면 되나요?"

"맞습니다. 한 번 공감의 밀을 해보시죠."

"화를 내서 많이 마음이 아프겠네요. (상했겠군요.) 미안합니다."

"잘했습니다. 그러면 이번에는 자신의 행동을 수용하는 말을 해보세요."

"대화법을 배우고 있는데 아직 연습이 덜 되었나 봐요. 당신의 말에 순간적으로 또 화를 내고 말았네요."

"다시 실수하지 않을 수 있는 대안을 말해보세요."

"앞으로 노력하겠습니다. 하지만 제가 또 화를 낼 수도 있어요."

"다시 화를 낼 수 있는 자신의 문제를 인식한 점은 정말 잘했네요. 그리고 '그럴 땐 미리 알려주면 고맙겠어요.'라는 말을 보태면 좋습니다. 상대에게도 도움을 청해서 화를 내는 습관을 고치려고 노력하는 대안입니다. 이렇게 의식화가 되면 '화'를 조절하는데 도움이 되기도 하거든요. 누가 전체적으로 정리해서 말해보시겠어요."

- "화를 내서 많이 마음이 아프겠네요.(상했겠군요.) 미안합니다."(공감)
- "대화법을 배우고 있는데 아직 연습이 덜 되었나 봐요. 당신의 말에 순간적으로 또 화를 내고 말았네요. 앞으로 노력하겠습니다. 하지만 제가 또 화를 낼 수도 있어요."(자신의 마음표현)
- "그럴 땐 미리 알려주면 고맙겠어요."(도움 요청)

실수를 재구성하면 얻는 이익

"실수에 대한 올바른 이해에 대해서 배웠습니다. 이렇게 하면 실수에 대한 인식을 재구성할 수 있고 얻는 이익도 있습니다. 무엇이 있을까요? 그룹별로 상의해서 발표하시면 좋을 것 같아요."

그룹별로 상의해서 나온 내용은 다음과 같았다.

- 자책과 후회를 멈추게 된다. 대신에 인정하고 책임지기 때문에 자존감을 지킬 수 있다.
- 실수에 융통성 있게 반응할 수 있게 된다. 실수했을 때 손해로 인한 아픔과 정신적 고통을 성공으로 가는 과정에서 치러야 하는 대가로 생각할 수 있다. 그러면 그 고통이 감소되고 오히려 대가에 대한 보상을 기대하게 된다.
- 그 실수가 주는 가장 큰 혜택이 무엇인가를 배우게 된다. 실수에서 주는 교훈을 생각할 수 있다.

생각 회로 바꾸기

"퀴즈를 낼게요. 넓은 들에 잡초가 많을 때 없애는 방법을 알고 있나요?"

"뽑으면 됩니다. 제초제를 뿌리면 됩니다." 등등 많은 의견이 나왔다.

"그러면 실수했을 때 후회하고 자책하게 하는 내면의 비평가를 없애려면 어떻게 하면 될까요?"

"글쎄요. 뽑지도 못하고 약을 뿌릴 수도 없고 난감한데요."

"네, 잡초가 많을 때 그곳에 논과 밭 그리고 과수원을 만들면 잡초는 사라집니다. 마찬가지로 내면의 비평가를 없애려면 건강한 생각을 많이 집어넣으면 됩니다. 어떤 방법이 있을까요?

"외워서 머리에 저장하면 될 것 같습니다."

"좋습니다. 또 다른 방법은 많이 소리 내서 읽으면 좋습니다. 마음속으로 생각하는 것보다 외부에서 정보를 주는 쪽이 더 효과적이라고 합니다. 또 한 가지 방법이 있습니다. 공부할 때 많이 사용하는 방법입니다."

"아하! 시청각 자료를 이용하면 되겠네요. '실수의 정의'를 복사해서 눈에 잘 띄는 곳에 붙여두면 좋겠어요. 오고 가며 시간이 날 때마다 보면서 새로운 생각의 회로를 만들 수 있으니까요."

"잘하셨어요. 세 가지 방법을 사용해봅시다. 오늘 실수의 정의를 외우고, 계속 들려주고, 그리고 복사해서 잘 보이는 곳에 붙여주세요. 그래서 잡초 같은 잘못된 내면의 비평가를 몰아내시길 바랍니다. 그리고 교재에 나와 있는 '자존감 높이는 말'을 녹음해서 들려주시면 좋습니다. 그 내용은 제가 교육하면서 만든 자료입니다."

이렇게 실수에 대한 강의는 마쳤다. 신대리에게는 실수에 대해 재인식하는 계기가 되었다. 그리고 뺀질이 박사연씨와의 관계를 해결하고자 상담 약속을 잡았다.

요약

1) 실수했을 때 자존감이 떨어지는 이유
   - 실수하거나 잘못했을 때 자신을 비판하도록 배워왔기 때문이다.
   - 존재가 형편없다고 비난받고 야단맞았기 때문이다.

2) 실수는 필연적이다.
   - 실수를 인정하고 수용하라.
   - 실수한 자신을 용서하라.

3) 실수는 나중에 깨닫는 것이다.
   - 실수는 '나중'에 회고했을 때, 잘못된 선택이었다고 느껴진다.
   - 실수란 나중에 알게 된 일이고 누구나 겪는 삶의 일부분이므로

자신의 자존감과는 아무 상관없다.

4) 실수를 거울 삼아 배우라.

- 실수를 통해 기술이나 과업을 배운다.

- 실수를 통해 얻는 교훈으로 목표달성을 위해 나아갈 수 있다.

5) 실수를 인정하고 두려워하지 말자.

- 실수를 '있을 수 있는 일'이라고 인정하라.

- 실수를 하나의 경고 신호로 간주하라.

6) 실수에 대처하는 마음의 자세

- 책임을 지고,

- 실수에서 배우고,

- 대안을 세운다.

7) 실수를 재구성하면 얻는 이익

- 자책과 후회를 멈추게 된다.

- 실수에 융통성 있게 반응할 수 있게 된다.

- 실수가 주는 가장 큰 혜택인 무엇인가를 배우게 된다.

03 역지사지(易地思之)

역지사지(易地思之)는 처지(處地)를 서로 바꾸어 생각함이란 뜻이다. 타인을 이해하고 사회 현상을 다각도로 보는 통찰력과 생각의 깊이를 심어 준다. 내 기준으로만 생각하고 판단하기보다는 타인의 시각에서 고민해 보고 합리적인 생각을 해 볼 수 있다.

뺀질이 박사연

신대리는 뺀질이 박사연이 점점 미워지면서 말하기도 싫어졌다. 이 문제를 해결하기 위해 상담을 요청했다.

상담사: "어떤 고민이 있어 상담을 요청하셨나요?"

신대리: "저희 팀원 중에 박사연이란 직원이 있어요. 일도 잘 하고 데이터 분석도 뛰어나서 많이 기대했었어요. 저희 팀은 가끔 야근을 하거나 주말에도 일을 해야 할 경우가 있어요. 그런데 박사연씨는 한 번도 함께 야근하거나 주말에 일하지 않아요. 그래서 지금은 얄미워서 같이 일하기가 싫어요. 한 번쯤은 함께 일해야 하는 것 아닌가요?"

상담사: "함께 일하는 직원이 도와주지 않아 얄밉고 싫군요. 꼭 필요한 일인 경우에는 시간외 수당을 지급하고 일을 하라고 요청하거나 지시하면 되는 일 아닌가요?"

신대리: "그럴 수 있는데, 본인이 거부하면 강요하지는 못해요."

상담사: "그렇군요. 그러면 왜 그분은 그렇게 칼같이 퇴근하는지 그 이유를 알고 있나요?"

신대리: "아니요. 남과 어울리기 싫어하고 회사보다는 자기 생활이 중요하다고 생각하는 이기주의자라서 그런 것 같아요."

상담사: "그 말이 사실인가요 아니면 추측인가요?"

신대리: "사실은 아니구요 제 추측이지요. 그런데 하나를 보면 열을 알 수 있잖아요. 최근에는 저희 팀이 실수

를 해서 회사에 손해를 끼쳤어요. 그래서 모든 팀
원이 빨리 해결하기 위해 모두 남아서 야근했어요.
그런 상황인데도 아랑곳하지 않고 퇴근하더라구요.
참! …"

상담사: "그래서 그분이 얄미워지셨군요. 그럼 자기가 맡은
일은 어떻게 합니까? 회사에 근무할 마음이 없어 대
충하나요? 아니면 근무시간에는 열심히 일하나요?"

신대리: "그게 이상해요. 맡겨진 일은 말없이 잘해요. 조용
한 편이어서 다른 사람과도 잘 어울리지 않구요. 단
지 퇴근 시간이나 주말은 절대 양보하지 않아요."

상담사: "그렇군요. 일은 잘하는군요. 그렇게 이상할 때는
그 직원에게 확인하는 게 가장 확실할 것 같아요."

신대리: "그걸 어떻게 확인하면 좋지요? 얄미워서 말하기조
차 싫은데요."

상담사: "얄밉다는 감정은 수미씨의 추측을 사실로 믿어서
생긴 감정이겠지요. 혹시라도 피치 못할 사정이 있
다면요?"

신대리: "그러면 얄밉지 않겠지요. 그런데 다른 사정이 뭐 있
겠어요?"

상담사: "제가 경험했던 일을 알려드릴게요. 리더 모임을 오
후 6시에 하기로 결정했어요. 그런데 한 명이 계속
10분에서 30분가량 늦는 거에요. 지각이 반복되자

약속을 잘 지키지 않는 그 친구를 모든 리더가 싫어하기 시작했어요. 그리고 점점 모임의 분위기도 안 좋아지고 리더십에도 문제가 생길 것 같았어요. 그래서 그 친구와 조용히 만나 면담했어요. 저는 그 친구의 이야기를 듣고 정말 놀랐어요. 편의점에서 아르바이트를 하고 있는데 교대하는 다음 알바생이 지각하는 거였어요. 교대자가 늦어지면 어쩔 수 없이 자기도 모임에 늦어질 수밖에 없었던 거였지요. 그리고 그 친구는 우리 모임 때문에 알바 시간을 5시간이나 줄였던 거였어요. 그 친구의 사정을 알고 나니 너무 미안하더라구요. 그리고 섣불리 판단한 제가 얼마나 단편적이고 편협한 생각을 했는지 알게 되었어요."

신대리: "알겠습니다. 그럼 먼저 박사연씨와 만나서 그 사정을 알아봐야겠네요."

상담사: "네."

신대리: "어떻게 말을 꺼내면 좋을까요?"

상담사: "면담을 할 때는 먼저 공감을 하면 좋아요. 그리고 대답을 강요하지 말아 주세요."

신대리: "잘 알겠습니다. 새로운 관점으로 상대를 바라볼 수 있도록 도와주셔서 고마웠어요."

관점의 변화

상담을 마친 후 신대리는 박사연씨가 어떤 사정이 있을 수도 있다는 생각이 들었다. 이렇게 관점이 바뀌자 얄미운 마음은 점점 사라지고 궁금해지기 시작했다. 그래서 박사연씨와 면담을 요청해서 비교적 일이 적은 어느 날 오후에 조용히 만났다.

"박사연씨! 회사업무는 어렵지 않아요?"

"네, 그렇게 어렵지 않아요."

"그래요. 다행이네요. 궁금한 게 있어서요. 야근과 주말 근무를 안 하는 어떤 사정이 있나요?"

"아, 네 … 그게 그냥 제 개인 사정이라서요."

"네, 말하기 힘든 개인 사정이 있군요. 어떤 사정인지 저에게 알려주지 않겠어요?"

"음 …, 너무 개인적인 일이라 말하기가 …"

"말하기가 어려우시군요. 잘 알겠어요. 그러면 다음에 알려주셔도 됩니다."

"미안합니다. …"

이렇게 면담을 마쳤다.

신대리는 면담을 통해 몇 가지를 알게 되었다. 첫째는 박사연씨가 다른 의도가 있는 게 아니라 개인 사정이 있다는 사실이었다. 둘째는 그도 칼퇴근을 하고 주말 근무하지 않은 일에 미안해한다고 느끼게 되었다. 비록 그 내용을 알지는 못했지만 얄미운 감정보다는 개인 사정이 궁금했다.

그러다가 「소공성」 교육에서 배운 것 같이 실수를 줄이기 위해 도움을 요청하기로 했다. 데이터 분석에는 박사연씨가 가장 뛰어나다고 판단했다. 그래서 박사연씨에게 부탁했다.

"박사연씨, 이번 실수를 통해서 데이터 분석에 크로스 체크(cross check)가 필요하다고 생각되었어요. 제가 보기에 박사연씨가 가장 뛰어나서 제 업무를 도와주면 좋겠어요."

"저를 좋게 평가해주셔서 고맙습니다. 업무시간에는 제가 함께 일할 수 있습니다. 그런데 그 외 시간에는 제가 도와드릴 수 없습니다. 그래도 괜찮다면 데이터 분석 크로스 체크하는 일을 하겠습니다."

"좋아요. 내일부터 저와 함께 데이터 분석을 하면 좋겠어요."

이렇게 두 사람은 함께 일하기 시작했다. 그러던 중 어느날 박사연씨가 신대리에게 갑자기 조퇴를 요청했다.

"무슨 일인데요. 어디가 아프세요?"

"아 네, 저는 아프지는 않구요. 집에 일이 생겨서요."

"그럼 가봐야겠네요. 무슨 일인지 알려주시면 좋겠는데요."

"저번에도 말씀드린 것처럼, 개인적인 사정이라서 말하기가 좀…"

"그래요. 말하기가 어려우시군요. 그럼 다음에 기회가 되면 알려주세요. 오늘은 급하신데 빨리 가보세요."

"네, 감사합니다."

마음 문 열기

그로부터 며칠이 지난 어느 날 박사연씨가 신대리에게 면담을 요청했다.

"무슨 일이 있어요?"

"아니, 그게…. 전에 말씀드리지 못한 개인 사정을 대리님께는 말씀드려야 될 것 같아서요."

"아! 그래요. 알려주신다니 고맙네요."

"제가 홀어머니를 모시고 있어요. 그런데 많이 아프셔서 계속 누군가가 간호를 해야 합니다."

"그러시군요."

"네, 그래서 낮에는 제 여동생이 병실을 지키고, 제가 퇴근 후부터 밤까지 지켜야 돼요. 여동생은 야간대학에 다니거든요. 제가 늦으면 여동생이 늦어져서요. 그리고 주말에는 여동생이 알바를 나가거든요."

"아이쿠, 그런 사정이 있었군요. 병원비는요?"

"제가 감당하고 있어요. 동생은 지금 학생이라서."

"그럼 학비도 박사연씨가 다 부담하고 있나요?"

"전부 다는 아니구요. 학비 일부를 도와주고 있어요."

"그런 어려움이 있었네요. 그럼 조퇴한 날도 어머니 병간호 때문이었나요?"

"네, 여동생이 잠시 일이 있어서 병간호를 할 수 없게 되었어요. 부득이 제가 가 봐야 되었어요."

신대리는 자신도 동생들을 위해 늦게 대학을 나온 일이 문득 생각이 났다. 그리고 어려운 처지의 박사연씨 사정이 공감되면서 눈시울이 뜨거워졌다. 말문이 막혀 더 이상 아무 말도 할 수 없었다. 그렇게 그날 면담은 조용히 마쳤다.

신대리는 박사연씨의 상황을 알고 난 다음부터는 더욱 마음이 쓰이게 되었다. 그런 상황에서도 누구에게도 말하지 않고 묵묵히 열심히 일하는 모습에 감동도 되었다. 신대리가 도울 수 있는 일은 마다하지 않고 도움을 주었다. 박사연씨도 자신의 마음을 이해해주고 배려해주는 신대리를 위해 헌신적으로 도왔다.

04 오해를 이해로

오해의 시작

경자엄마는 선희엄마로부터 핸드폰으로 뜻밖의 선물을 받았다. 10만 원짜리 '모바일 선물 교환권'이었다. 기쁘기도 했지만 어떻게 사용하는지 몰라 걱정도 되었다. 마침 딸 경자가 사위와 손주가 함께 집에 와서 사용법을 물어봤다.

"엄마 이것은 선물 교환권이에요. 이 백화점이나 마트 혹은 체인점에 가서 이것을 보여주면 바코드를 찍고 10만 원어치 선물을 살 수 있어요."

"그래! 잘 됐다. 네 아빠 생일에 뭘 사줄까 고민했는데 이곳에 가서 마음에 드는 구두 사주면 되겠네."

마음속으로 좀 비싼 것을 사도 10만 원을 제하면 크게 부담이 없을 것 같았다. 선물 비용이 줄어들어 한결 마음도 가벼워졌다. 그리고 기회가 되면 선희엄마에게도 고맙다고 인사를 해야겠다고 생각했다.

남편 생일에는 자녀와 손주들 함께 온 가족이 저녁 식사를 하기로 했다. 생일 아침에 남편에게 함께 백화점에 가자고 했다. 그리고 사고 싶은 구두를 고르라고 했다. 남편은 기존에 사용하던 구두가 아직 낡지 않아서 그대로 신어도 된다고 사양했다. 생일이니까 선물하겠다고 부담 없이 고르라고 했다. 생일 선물이라고 하니 맘에 들어 하는 구두를 한 컬레 골랐다.

"이게 마음에 들어. 그런데 생각보다 많이 비싸. 할인했는데도 10만 원이 넘어 부담되는데. 괜찮겠어?"

"그래요. 마침 10만 원짜리 선물 교환권이 있어서 살만해요."

"그럼 잘되었네. 비싸도 이게 좋겠어."

점원이 친절하게 말했다. "이것으로 하시겠어요. 신상인데 정말 잘 나왔어요. 마침 할인 기간이라 좀 비싸도 잘 사시는 것 같아요."

"그래요. 신상이군요. 여기 모바일 선물 교환권 10만 원하구요. 나머지는 카드로 지불할게요."

"네, 알겠습니다." 잠시 후에 점원이 곤란한 표정으로 말했다.

"사모님! 선물 교환권이 없는데요."

"네, 그럴리가요. 제가 며칠 전에 받았는데. 다시 잘 보세요."

"없어요. 그럼 주고받은 문자를 확인 해보세요. 언제인가요?"

"그러니까 목요일에 받았어요. 오늘이 화요일이니까 10일 쯤 전이에요."

"그러면 그때 문자 보여주세요. 어! 여기 있네요. 선물권을 보냈다가 취소했네요."

"네? 아니…"

"여기 보세요. 선물 교환권 오른쪽 위에 '취소'라고 적혀있네요."

경자엄마는 당황했다. 그리고 남편과 직원이 어떻게 생각할까 창피했다.

"아. 네…. 미안해요. 이 카드로 다 결제해주세요."

"네. 그럴 수 있어요. 많이 당황되셨겠어요." 이때 남편도 당황해하는 아내에게 뭐라 해야 좋을지 몰라 난감했다.

"여보. 이거 다음에 사도 돼. 오늘은 뭔가 착오가 있었던 것 같은데, 그냥 가요!"

"아니에요. 기왕에 마음 먹은 건데 그냥 사요."

그날 경자엄마는 하루 종일 뭔가 속은 것 같고 불편하고 찜찜하게 하루를 지냈다. 자녀들의 인사도 받는 둥 마는 둥 하고 손주들의 재롱도 눈에 들어오지 않았다. 남편도 아내의 불편한 심기를 눈치채고 조용히 아무 말도 하지 않았다.

이 사건 이후부터 선희엄마에 대한 분노가 가슴 밑에서부터 서서히 올라오고 있었다. 괜히 그동안 많이 도와줬다고 후회도 되었다. 그리고 선희엄마가 자기에게 한 잘못들이 하나하나 기억나기 시작했다. 선물 교환권을 왜 취소했는지에 대해 아무 말도 없자 고의로 자기를 골탕 먹이려고 했다고도 생각되었다. 이제는 분노가 증오로까지 서서히 변해가고 있었다.

그런데 며칠 후 선희엄마가 선물을 보내왔다. '아니 선물 교환권을 취소할 때는 언제고. 이제 다시 선물을 보내!' 그리고 구두 가게에서 있었던 사건이 생각나면서 선희엄마가 미워졌다. 선물을 받지 않고 다시 돌려보냈다. 그리고 다른 친구들을 통해 오해를 풀고 싶다는 말을 들으면 더 화가 났다. '자기 때문에 문제가 생겼는데 오해라고! 기가 막히네!'라는 생각이 들었다. 친구들에게는 '웃는 모습이 가증스럽다.' '겉 다르고 속 다르다.'라고 선희엄마 흉을 보았다.

오해를 풀려는 시도

선희엄마는 경자엄마가 오해해서 마음이 상했다고 느껴졌다. 그래서 어떻게 해서든 오해를 풀고 싶었다. 하지만 여러 가지 방법으로 대화를 하려고 했지만 상대를 안 해주었다.

전화를 해도 안 받고, 문자를 보내도 답장이 없었다. 그래서 「소공성」 강사가 알려준 대로 편지를 써서 보내기로 했다. 먼저 공감을 하고 자기의 마음을 찬찬히 써 내려갔다.

경자엄마에게!
며칠 전 모바일 선물 교환권을 보냈다가 취소해서 많이 속상하고 괘씸했겠네요.
정말 미안해요.
선물 교환권을 보내고 며칠이 지나도 그 선물을 사용하지 않는 것 같아서 취소했어요. 그래서 직접 선물을 사서 보냈어요. 받지 않고 돌려보내서 안타까웠어요.
제가 실수했어요.
선물 교환권은 3개월 정도 유효한데 제가 그런 걸 몰랐어요.
사실 모바일 선물 교환권도 딸에게 요청해서 보냈거든요.
어려울 때 우리를 많이 도와준 게 생각나요.
그 은혜를 잊을 수가 없어요.
저로 인해 오해가 생겼네요. 정말 미안해요.
지금은 관계가 불편해져서 너무 마음이 아파요.
이렇게 편지로 제 마음을 대신해요.
언제든지 다시 만나서 예전처럼 친하게 지나면 좋겠어요.

선희엄마 보냄.

선희엄마는 편지를 써서 보내니 이제는 자신이 할 수 있는 일을 다 한 것 같아 편안해졌다. 교육 시간에 강사가 한 말이 생각났다.

'오해와 갈등은 인간관계에서는 언제나 일어나는 일입니다. 갈등은 한 사람으로 해결이 안 되고 쌍방이 노력해야 됩니다. 갈등이 해결되면 좋겠지만 그렇지 않더라도 자신이 할 수 있는 일에 최선을 다하면 됩니다.'

오해를 이해로

선희엄마로부터 편지를 받고도 방에 놔둔 채 며칠 동안 뜯어보지 않았다. 보나마나 자기변명으로 채웠으리라 생각되었기 때문이다.

토요일이면 사위와 딸과 손자가 집으로 오곤 했다. 경자가 자기 아이가 편지를 뜯고 있는 것을 보았다. 너무 놀라서 보니 친구인 선희의 엄마가 보낸 편지였다. 이미 편지는 뜯어져 있었고 일부분도 찢어져 있었다. 엄마가 알면 화낼 것 같아 재빨리 투명테이프로 붙였다. 붙이면서 우연히 내용을 보고 깜짝 놀랐다. 그리고 사건의 대략을 짐작할 수 있었다.

"엄마! 선희엄마가 모바일 선물 교환권 보내줬잖아. 그거 다시 취소했어?"

"응. 네가 그거 어떻게 알아. 말도 마라. 내가 백화점에서 얼마나 창피 당했는 줄 아니!"

"무슨 일이 있었는지 말해 봐?"

"나는 취소되었는 줄도 모르고 선물 교환권을 찾았잖아. 그런데 취소되어서 없더라구. 얼마나 황당했다구. 아휴. 그리고 네 아빠하고 점원에게 정말 창피했었어!"

"그럴 수도 있지 그게 왜 그렇게 창피해!"

"너 같으면 창피하지 않겠니?"

"아! 그래서 아빠 생신에 엄마가 그렇게 얼굴이 어두웠었구나!"

"그 사건을 겪고 나서 하루 종일 기분이 나빴었어."

"그래서 요즘 엄마 선희엄마와 불편하게 지내는구나?"

"말도 마라. 이제는 꼴도 보기 싫다. 가증스럽기도 하고. 내가 얼마나 많이 도와줬는데 은혜도 모르고 말이야."

"선희엄마가 편지 보냈는데. 읽어봤어?"

"아니, 제 변명만 늘어놓을 건데 뭐 하러 봐. 그리고 앞으로는 얼굴 안보기로 했어."

"아닌데!"

"뭐가 아니야?"

"우리 지수가 그 편지를 찢어서 내가 미안해서 다시 붙이다가 내용을 읽게 되었거든. 엄마가 속상하고 괴로울 거라며 굉장히 미안해하던데."

"그래. 한번 줘봐."

"여기 있어. 내용을 보니까 선희엄마가 어떻게든 엄마와 다시 잘 지내고 싶어하더라."

경자엄마는 편지를 찬찬히 읽어보았다.

첫 줄에 공감하는 말에 그동안의 섭섭하고 힘든 감정이 해소되는 것 같았다. 그리고 자신이 도와준 은혜를 잊지 못한다는 말에 조금 위로가 되었다. 관계를 다시 회복하고 싶다는 말에 미안한 마음이 들기도 했다. 공감하는 말에 섭섭하고 힘든 감정이 해소되는 것 같았다.은혜를 잊지 못한다는 말에 위로가 되었다. 관계를 다시 회복하고 싶다는 말에는 미안한 마음도 들었다.

몇 번이고 그 편지를 읽다 보니 불편한 감정들이 점점 사라지게 되었다. 그리고 관계를 다시 회복하고 싶어졌다. 어떻게 하면 자연스럽게 다가갈 수 있을까 고민하게 되었다. 그러다가 딸의 친구인 선희를 통해서 자신의 마음을 전하면 어떨까하는 생각이 났다. 그래서 딸에게 연락해서 딸 친구인 선희를 집으로 오라고 초청했다. 선희도 경자의 연락을 받고 한걸음에 경자 친정집으로 달려갔다.

"어머님 안녕하세요!"

"오, 선희 왔구나. 요즘 아이들 키우느라 힘들겠네. 잘 지내?"

"네."

"남편은 잘해주고?"

"네, 나름 위해준다고 애쓰고 있어요."

"그래, 잘됐네."

이런저런 안부 인사를 나누다가 경자엄마는 선희에게 자신의 마음을 말했다.

"네 엄마하고 선물 교환권 때문에 오해가 생겼었어. 나도 그 때문에 기분 나쁜 일을 겪다보니 네 엄마를 오해한 것 같아."

"네, 어머님. 저희 엄마도 그 일로 인해 많이 힘들어하셨어요. 가장 친한 친구이고 어려울 때 도와주신 분인데, 자신이 실수해서 오해가 생겼다구요. 어떻게 해서든지 관계를 회복하고 싶어하세요."

"그래? 나도 그 일로 마음이 많이 불편해서 힘들었어. 그런데 네 엄마가 보낸 편지를 보고 오해를 풀어야겠다고 생각했어."

"그러시군요. 감사해요."

"지금은 아무 일도 없었던 것처럼 다가가기가 너무 거북스러워. 자연스럽게 해결하고 싶은데 무슨 좋은 방법이 없을까?"

"그러니까 중간에서 누군가가 서로의 마음을 잘 이해시킬 수 있는 방법을 말씀하시는 거에요?"

"그런 방법도 좋고, 어떻게든 서로 잘 화해시킬 수 있으면 좋아."

"저에게 생각나는 분이 한 분 있어요."

"그래! 누군데?"

"전문 상담사이구요. 아마도 두 분의 마음을 잘 화해시키실 수 있을 거에요."

"상담사도 상담사 나름이라야지. 괜히 시간과 돈만 날아가는 경우가 많다고 하더라."

"그런데 이 상담사는 믿을 수 있는 분이에요. 소통과 공감에 관한 강의도 해요. 우리 엄마도 그 교육을 받고 많이 도움을 받았어요."

"그럼 네가 그분에게 연락해서 우리 둘 관계를 회복시킬수 있도록 상담을 해달라고 부탁할 수 있겠니?"

"네, 언제 가능하세요? 그분도 바쁘셔서 시간을 잘 조정해야 하거든요."

"나는 언제든 가능해. 그분하고 네 엄마하고만 시간 정하면 될 것 같아."

"네, 알겠어요."

이렇게 경자엄마와 선희는 상담을 약속하고 헤어졌다.

선희와 경자는 각자 엄마 상담료를 계산하기로 했다. 엄마들이 알면 부담돼서 상담을 안 받을까 염려되서였다. 그리고 「소공성」 강사에게 연락해서 상담 약속을 잡았다.

갈등 해결 상담

　선희엄마는 상담시간보다 일찍 상담실을 찾았다. 조용히 기도하는 마음으로 기다리고 있었다. 시간에 맞춰 경자엄마도 도착했다. 경자엄마는 어색해서인지 눈을 어디에 두면 좋을지 몰랐다. 이때 선희엄마는 경자엄마를 보자 눈시울이 붉어졌다. 그리고 한걸음에 달려가서 경자엄마를 껴안았다.

　"잘 왔어요. 많이 보고 싶었어요."

　경자엄마도 미안한 듯 조용히 껴안았다.

상 담 사 : "잘 오셨습니다. 두 분 다 시간을 내서 찾아주셔서 감사합니다. 원칙이 하나 있습니다. 하고 싶은 말이 있으면 먼저 저하고 이야기하면 됩니다. 어쩌다가 오해가 생겼는지 말씀해보세요."

선희엄마 : "제가 고마워서 모바일로 선물 상품권을 보냈어요. 그런데 사용하지 않은 것 같아서 취소했어요. 그리고 나중에 다른 선물을 사서 보냈는데 다시 되돌아 왔어요."

상 담 사 : "선물이 되돌아와서 안타까웠겠네요. 그리고 뭔가 오해가 생긴 것이 느껴져서 많이 불편하셨겠네요."

경자엄마 : "선물 상품권으로 백화점에 가서 구두를 사러 갔어요. 선물 상품권이 취소 된 것을 점포에서 알게

돼서 당황하고 창피했었어요."

① 각자 자신의 감정 확인하기

상 담 사 : "많이 당황되고 창피하셨군요. 두 분이 이 일로 인해 오해가 생기고 갈등이 생기셨잖아요. 그동안의 기분을 감정 카드로 찾아보시겠어요?"

선희엄마 : "안타깝다', '괴롭다', '답답하다'가 좋겠네요."

상 담 사 : "왜 그런 감정을 느꼈는지 설명을 해주시겠어요?"

선희엄마 : "제 마음을 이해받지 못해서 안타까웠어요. 그리고 친하고 가깝게 지내길 원하는데 갈등으로 멀어져서 괴롭기도 하구요. 상황이 잘 풀리길 원하는데 어떻게 해야 좋을지 몰라 답답했어요."

상 담 사 : "그러셨군요. 이번에는 경자어머님이 감정 카드를 골라보세요."

경자엄마 : "저는 '황당하다', '괘씸하다', '미안하다'를 선택했어요."

상 담 사 : "왜 그런 감정을 느꼈는지 설명해주세요."

경자엄마 : "선물 교환권이 취소된 것을 백화점에서 알고 나서 황당했어요. 창피하기도 했구요. 왜 취소했는지 알려주지 않아 창피함을 당했다고 생각돼서 괘씸했어요. 나중에는 오해임을 알게 돼서 미안했구요."

② 각자 자신의 욕구 확인하기

상 담 사 : "그러셨군요. 이제 두 분이 서로의 마음을 어느 정
　　　　　도 이해했으리라 믿어요. 이번에는 이 사건을 계기
　　　　　로 원하는 자신의 욕구 카드로 표현해주시겠어요?"

선희엄마 : "'소통이 중요하다', '친구와 우정을 나누고 싶다'를
　　　　　선택할게요."

상 담 사 : "왜 그 카드를 선택했는지 설명해주시겠어요?"

선희엄마 : "제가 취소한 것을 미리 알려주지 않아서 이런 오해
　　　　　가 생겼잖아요. 그래서 소통이 정말 중요하다고 생
　　　　　각되었어요. 이런 오해가 생겨서 잠시 소원하고 불
　　　　　편했지만 다시 예전처럼 친하게 지내고 싶어요."

상 담 사 : "그리시군요. 경자어머님도 원하는 욕구 카드를
　　　　　골라보세요."

경자엄마 : "저도 같아요."

상 담 사 : "그러면 경자어머님이 말한 것과 같나요?"

경자엄마 : "네."

③ 상대의 마음을 알고 난 후 소감나누기

상 담 사 : "이제 서로의 마음을 알고 나니 어떠세요?"

선희엄마 : "친구가 백화점에서 그런 당황하고 창피한 일을 당
　　　　　했다는 사실을 알고 나니 너무 미안해요."(그러면
　　　　　서 울음을 터트렸다.)

경자엄마: (선희엄마가 미안하다며 울음을 터트리자 함께 눈물을 훔쳤다.)

상 담 사 : "경자어머님은 왜 우셨나요?"

경자엄마: "처음에는 나만 고통당하는 줄 알았어요. 그런데 선희엄마가 그동안 마음 고생했다는 사실을 알고 나니 저도 너무 미안해서요. 흑흑"(말하는 도중에 울음이 터져나왔다.)

④ 올바른 방법으로 재연해보기

상 담 사 : 어느 정도 두 분의 감정이 누그러졌을 때 말했다. "다시 그 상황이 된다면 어떻게 하시겠어요?"

선희엄마: "앞으로 취소할 때는 반드시 말을 먼저 할 거예요."

경자엄마: "오해가 생겼을 때는 나도 오해를 풀도록 소통할 거예요."

상 담 사 : "감사합니다. 한 번만 더 연습해보도록 하겠습니다. 그 상황이라고 생각하고 말을 해보세요."

선희엄마: "경자엄마! 선물 교환권을 보냈는데 사용 안 하시는 것 같아요. 그래서 취소하고 다른 선물을 보낼까 해요. 어떠세요?"

경자엄마: "선희엄마, 선물 교환권 취소했네요. 왜 그러셨어요? 저는 선물 교환권 받고 많이 기뻤는데 취소해서 많이 당황했어요."

⑤ 상담 소감

상 담 사 : "정말 잘하셨습니다. 지금 느낌이 어떠신지요?"

선희엄마 : "오해가 풀리고 경자엄마와 다시 친해지는 것 같아 너무 기뻐요."

경자엄마 : "나뿐만 아니라 선희엄마도 마음 고생했다는 사실을 알게 돼서 미안해요. 앞으로는 잘 지내고 싶어요."

상 담 사 : "두 분이 이렇게 서로 마음을 이해하시고 관계가 회복되시니 정말 기쁘네요. 감사합니다. 수고하셨습니다.

선희엄마 : "경자엄마! 저번에 되돌려준 선물! 다시 가져왔어요. 받아주면 좋겠어요."

경자엄마 : "어머 고마워요. 이렇게 잊지 않고 기억해줘서. 잘 쓸게요. 고마워요. 그리고 상담사님! 여기서 무슨 교육을 한다고 하는데 그게 뭐죠?"

상 담 사 : "아. 네, 세가지 교육을 합니다. 첫 번째가 '잔소리를 사랑의 말로'라는 교육으로 소통하고 공감하는 방법에 대해서 알려줍니다. 두 번째가 '어려운 대화를 풀어가는 공감의 지혜'라는 교육입니다. 갈등 해결, 비난 대처, 거절의 지혜 등등 어려운 상황을 풀어가는 방법입니다. 세 번째는 '마음 지키기'(감정 조절) 교육입니다. 감정 조절의 단계와 전략, 인지치료, 마음의 상처치료, 수치심 치료와

정서지능에 대해서 알려줍니다."

경자엄마: "우와! 듣기만 해도 필요한 교육이네요. 교육 시간
　　　　　은요?"

상 담 사 : "일주일에 1회씩 하는데요, 회기 당 3시간입니다.
　　　　　총 교육 기간은 각 단계별 9회기씩입니다."

경자엄마: "그렇군요. 저도 등록해서 교육받고 싶어요."

선희엄마: "저도 이 교육 배우고 있어요. 경자엄마도 함께 받
　　　　　으면 너무 좋을 것 같아요."

경자엄마: "그래요? 선희엄마도 이 교육 받고 있었군요. 알았
　　　　　어요, 저도 등록할게요."

상 담 사 : "감사합니다. 자세한 안내는 문자로 보내드리겠습
　　　　　니다."

요약

1) 갈등 해결 상담 순서

　① 각자 자신의 감정 확인하기

　② 각자 자신의 욕구 확인하기

　③ 상대의 마음을 알고 난 후 소감 나누기

　④ 올바른 방법으로 재연해보기

　⑤ 상담 소감

인간적으로 이 선만큼은 지켜주라.

4부

어려운 대화를 풀어가는 지혜

01 어려운 대화를 풀어가는 첫 단추, 공감

친구 '선희'에게서 오랜만에 전화가 왔다. 서로 그동안의 안부도 물어보고 서로 남편과 남자친구 이야기도 했다. 그러던 중 같은 반 친구였던 '하영'이 이야기를 하게 되었다.

"걔가 사범대 나와서 어렵게 교사 임용고사 합격해서 중학교 선생이 되었잖아."

"그랬지. 우리 모두 부러워했지."

"그런데 걔가 요즘 너무 힘들다고 그만둘 것 같이 얘기하더라."

"왜? 교사는 안정적이고 방학 때는 시간도 나고, 연금도 많아서 좋다고 했잖아."

"그랬지. 요즈음 학생들이 선생님 말을 잘 안 들어서 통제가 어렵데. 학생뿐 아니라 학부모들에게도 여러 가지로 교권이 침해되고 있대. 심지어는 선생님에게 욕설, 폭언, 폭행, 성희롱, 수업 진행 방해 등이 일어나고 있대."

"그래? 정말 어렵겠다."

"그리고 하영이가 조용하고 소극적이잖아. 걔는 공부만 해서 학생들 다루기가 더 어렵나봐!"

"그렇구나."

"네가 받고 있는 「소공성」 교육을 걔도 받게 하면 좋을 것 같은데."

"맞다. 하영이가 받으면 도움이 많이 될 텐데. 너 하영이 번호 좀 알려줄래? 내가 당장 연락해 볼게."

어느 토요일 신대리는 선희와 하영이를 함께 만났다. 오랜만이라 결혼했는지가 가장 궁금했었다.

"하영이 너는 결혼했니?"

"아니, 지금 소개팅으로 몇 번 맞선을 봤지만 아직 마땅한 사람은 못 만났어."

"좋은 직장도 있고 예쁜데 결혼이 늦어지는 게 이상하다 얘!"

"그래. 나도 이상해. 아마도 지금 직장이 너무 힘들어서 더 그런 것 같아."

"교사가 많이 힘드니?"

"시대가 변해서 교권이 약화되고 학생들 생활지도도 어려워졌어. 수업 방해가 이루어져도 적절히 대응할 수 있는 특별한 방안이나 구체적 방법이 없어서 답답하기만 해."

"그렇구나. 좋은 직장인 줄 알았는데 많이 어렵구나."

"규정에 의해 학생에게 벌칙이나 처벌을 내리면 학부모들이 노골적으로 불만을 표시하곤 하는 경우도 있어. 어떤 때는 학교에 찾아와 난동을 피우는 일까지 생겨."

"정말 곤란하겠네. 교사들은 특히 소통하고 공감하는 능력이 필요하겠다. 얘. 그리고 감정 조절과 갈등 해결 능력도 있어야 하고."

"내가 가장 못하고 힘들어하는 부분이잖아. 그래서 교사가 더 어렵고 고통스러운 것 같아."

"내가 그런 교육을 잘 알려주는 곳을 아는데 나와 같이 교육받지 않을래?"

"그런 곳이 있어?"

"응. 「소공성」 교육이라고 있어. 다음 주부터는 '어려운 대화를 풀어가는 공감의 지혜'라는 교육을 해. 나도 직장에서 어려움이 많아서 그 교육으로 도움을 받고 있어. 강사가 전문 상담사라서 가끔 상담노 받을 수 있어."

이때 선희도 신대리(수미)의 말을 거들었다.

"수미가 사귀는 남자친구와도 여러 번 헤어지려고 했었거든. 그런데 희한하게 그 교육과 상담을 받으면서 관계가 회복되곤 했어. 뭔지는 모르겠지만 좋은 건 분명해."

"그래. 교육은 언제 하는데."

"토요일 오전과 저녁에 각각 한 번씩 해. 1회기에 약 3시간 정도야."

"그러면 시간을 낼 수 있어. 나도 해볼까?"

"그래, 네가 함께 하면 좋을 것 같아. 선희도 함께하면 좋은데 지금은 아이 때문에 어려울 것 같네. "

"아 참! 회사 일은 좀 어때?"

"그럭저럭. 이번에 새로운 과장이 들어왔는데, 잔소리도 많고 험한 말을 자주 해서 힘들어. "

"그래! 너도 어렵구나."

"응, 그런데 교육을 통해 소통하고 공감하는 능력이 향상돼서 어느 정도는 괜찮아. 그리고 다음 주부터는 갈등 해결, 어려운 대화를 풀어가는 공감의 지혜를 배우게 되면 잘 이겨낼 거야."

"그렇구나. 기대가 되네."

이런 대화 후에 세 사람은 서로의 안부도 묻고 사는 이야기를 나누었다.

신대리가 실수하고 난 후부터 팀장인 장과장의 잔소리는 더욱 심해졌다. 심리적인 스트레스와 불편함으로 회사생활은 점점 더 힘들어졌다. 어떻게 그러한 비난을 잘 이겨낼 수 있을까 고민이 되었다. 특히 팀원들이 장과장만 들어오면 눈치를 보고 주눅이 드는 모습이 보여서 미안했다. 자신이 중간관리자로서 이 일을 해결해야 할 책임을 느끼기 시작했다.

어려운 대화

하영이와 함께 교육을 받으러 가서 기쁘고 기대도 되었다.

"하버드 대학 커뮤니케이션 연구팀이 15년 연구 성과물로 『대화의 심리학』이라는 책을 발간했어요. 그 책에 '어려운 대화는 안전핀을 뽑은 수류탄이다. 세게 던지든 약하게 던지든 간에 파괴적이다'라고 했습니다. 어렵고 힘들다는 전제를 깔고 대화에 임해야 합니다."

"어려운 상황을 맞닥뜨리면 어떻게 해야 할지 몰라 불안해져요. 잘못돼서 문제가 생길까 두렵기도 하고요. 이러한 심리적 불안을 완전히 없애는 방법이 있나요?"

"두려움과 불안은 본능적으로 일어나는 감정입니다. 그래서 없앨 수 없습니다. 하지만 효과적으로 대처하거나 감소시킬 수는 있습니다. 그 방법을 배우시면 도움이 됩니다. 대화는 그 속에 다양한 심리의 작용이나 원리들이 서로 작용하며 상충 돼서 충돌하기 때문에 어렵습니다. 그래서 심리를 알아야 대화를 풀어갈 수 있습니다."

"상대의 심리를 알려면 먼저 마음을 열어야 하잖아요. 어떻게 하면 될까요?"

"적절한 질문입니다. 제가 여러분에게 물어보고 싶었습니다. 누가 말씀해보시겠어요?"

"상대의 말에 공감하면 이해받는 느낌이 들어 자기의 마음을 열 수 있지 않을까요?"

"네, 바로 제가 알려드리려고 했던 말입니다. 잘 말씀해주셨어요."

"어려운 대화를 풀어가는 첫 단추가 공감인 셈이네요."

어려운 대화를 풀어가는 첫 단추가 공감이다.

"맞습니다. 먼저 공감을 한 후에 자신의 마음을 '나-전달법'으로 잘 표현하면 됩니다."

"그런데 공감을 했는데도 효과가 없었어요. 며칠 전에 중학생인 딸에게 공감을 했어요. 그런데 '엄마! 지금 나 놀려!'라고 해서 당황했어요. 어떻게 하면 좋지요?"

"많이 당황되셨겠네요. 이런 경우에는 한 번 더 상대의 마음을 공감해주면 좋습니다. 한 번 해보시겠어요."

"글쎄요. 잘 모르겠어요."

"엄마가 갑자기 잔소리 대신 공감의 말을 하니까 딸의 감정은 어떠했을까요?"

"당황하고 짜증도 났을 것 같고 한편으로는 어색하기도 했을 것 같아요."

"그럼 그 감정을 기초로 공감의 말을 해보시겠어요?"

"내 말에 짜증이 났구나! 미안해."

"잘했어요. 그런 다음에 엄마의 마음을 표현해보세요."

"공감하는 말이었는데 더 어색해졌네. 자연스러워지도록 노력할게. 너도 도와주면 좋겠어."

"잘했습니다. 이렇게 말하면 딸이 어떻게 반응할 것 같나요?"

"아무 말도 안 하거나, '됐어!'라고 말할 것 같아요."

"그럼 지금 한 말을 종합해서 말해보시겠어요?"

딸: "엄마! 지금 나 놀려?"

엄마: "내 말에 짜증이 났구나! 미안해."(공감) "공감하는 말인데 더 어색해졌네. 자연스러워지도록 노력할게. 너도 도와 주면 좋겠어."(엄마의 마음 표현)

"이렇게 다시 공감하면 딸의 감정은 어떨 것 같나요?"

"글쎄요, 잘 모르겠어요. 그런데 그렇게 기분 나쁘지는 않을 것 같네요."

"네, 이렇게 하면 어색할지 몰라도 서로 비난하거나 판단하지 않게 됩니다. 아마도 점점 질 소통할 수 있는 기초를 마련할 수 있을 겁니다."

공감 실습

그때 한 분이 질문을 했다.

"저는 회사 대표입니다. 제 입장에서는 업무적인 일로 화가 났을 때 직원이 '대표님! 화나셨네요.'라고 말하면 더 화가 날 것 같습니다. 놀리는 것 같아서요."

"공감에 확신이 안 생기고 의심이 드시는군요. 그러실 수 있습니다. 상대가 부정적 감정을 받아들일 수 없는 경우에는 감정표현을 하지 않는 게 좋습니다. 그런데 대표님처럼 상대를 이해하고 인격적으로 대하시는 경우는 괜찮을 것 같습니다. 시연을 해보시면 더 좋을 것 같아요. 제가 대표님 회사의 '부장'이라고 생각하고 상황을 연습해보면 어떨까요?"

"좋습니다. 그럼 제가 기안서가 마음에 안 들어 이부장을 야단치는 상황으로 설정해도 되겠습니까?"

"네 그렇게 하지요."

대　표: "이부장! 이것을 기안서라고 해왔어." (그러면서 기안서를 바닥에 던졌다.)

이부장: (바닥에 뿌려진 기안서를 모아서 줍는다. 그리고 일어나서) "대표님! 제 기안서가 마음에 안 들어서 화나셨군요! 미안합니다. 어떤 내용을 고치면 되는지 알려주시면 정정해서 다시 올리겠습니다."

대　표: "……" ('헉'하고 놀라면서 순간 할 말을 잊어버린다.)

이 시연을 하고 난 후 강사는 대표에게 물었다.

"직접 해보시니 어떠셨나요? 소감을 알려주시겠어요?"

"갑자기 화가 쑥 가라앉고 미안한 마음이 들더라구요. 공감이 이렇게 감정을 가라앉히는 줄 몰랐어요."

공감은 상대의 감정을 가라앉힌다.

하영이는 이런 대화 연습을 보고 너무 놀랐다. 자신의 문제도 해결 받으면 좋을 것 같아서 강사에게 질문했다.

"제가 중학교 교사인데요. 학생들이 수업을 방해하고 말을 안 들어서 힘들어요. 며칠 전에는 한 학생이 저에게 욕도 했어요. 그 사례를 다루어주실 수 있나요?"

"곤란했던 일이 있었군요. 그 일을 얘기해주시면 도와드리도록 할게요."

"한 학생이 수업 진행을 시작부터 방해하고 불평을 늘어놓았어요. 전날 수업 시간에 떠들어서 수업 일지에 적힌 자기 이름을 지워 달라는 거였어요. 나중에는 매우 불손한 태도로 큰소리 지르며 '안 떠들었잖아요! XX(18)!' 이랬어요."

"아이쿠! 많이 당황되고 괴로웠겠네요."

"네, 이럴 때 어떻게 해야 하는지 알려주세요."

"그러면 아까 알려드린 것처럼 먼저 공감을 한 후에 선생님의 마음을 표현하시면 좋습니다. 어떻게 공감하면 좋을까요?"

"안 떠들었는데 수업일지에 적혀서 억울한 모양이구나."

"잘했습니다."

그때 한 분이 질문을 했다.

"억울하다고 인정하면 원칙이 무너질까 걱정됩니다. 그 학생은 분명히 떠들었잖아요."

"규정이 무너질까 걱정되시는군요. 먼저 이해할 사항 '공감'과 '동의'는 서로 다른 의미입니다. 동의는 상대의 의사나 의견을 같이 한다는 의미입니다. 공감은 동의와 다르게 상대의 마음을 읽고 표현하는 일입니다."

"그렇군요. 그러면 학생의 주장을 어떻게 해야 하나요?"

"어떻게 말하면 좋을지 생각해보세요."

그룹별로 토의를 했지만 마땅한 말이 생각나지 않았다.

"강사님! 잘 모르겠어요. 알려주세요."

"네, 저는 이렇게 표현해보았습니다. '너와 선생님이 생각하는 '떠드는 기준'이 다른 것 같네. 앞으로는 선생님의 기준으로 적용할거야.'"

"좋아요."

"이제 학생이 선생님에게 비속어를 사용한 내용에 대해서 '나-전달법'으로 표현해보시겠어요?"

"네가 욕을 해서 선생님도 기분이 나빠. 앞으로는 사용하지 않았으면 좋겠어."

"잘하셨습니다. 한 가지를 고치시면 더 좋습니다. 'XX(18)!'

은 명백하게 비속어라서 욕이라고 말해도 지장이 없습니다. 그런데 그런 표현보다는 '그런 말을 사용해서'라고 하면 더 좋을 것 같아요. 권희린 작가는 청소년들의 비속어를 모아서 『B끕 언어』라는 책으로 발간했어요. 그래서 'B끕 언어를 사용해서'라고 하면 어떨지요? 그리고 마지막으로 학생들에게는 모범답안을 알려주는 게 좋아요. 어떻게 말하면 될까요?"

"그럴 땐 '선생님 억울해요. 고쳐주세요.'라고 하면 좋을 것 같아요."

"좋습니다. 그럼 공감의 말과 '나-전달법'을 합쳐서 말해보세요"

- "안 떠들었는데 수업일지에 적혀서 억울한 모양이구나."(공감)
- "너와 선생님이 생각하는 '떠드는 기준'이 다른 것 같네. 앞으로는 선생님의 기준으로 적용할거야."(원칙에 대해서 확실하게 알려줌)
- "선생님에게 B끕 언어(그런 말)를 사용하니까 불편하고 기분이 나빠."('나-전달법')
- "앞으로는 사용하지 말았으면 좋겠어. 그럴 땐 '억울해요. 고쳐주세요.'라고 하면 좋겠다."(올바른 대화법 알려줌)

"또 다른 사례를 알려주시면 실습해보겠습니다."

"네, 저는 교회를 다니고 다섯 가정으로 이루어진 구역을 책임지는 구역장입니다. 일주일에 한 번씩 구역원들이 모입니다. 그때 목사님을 대신해서 성경을 구역원들에게 가르치기도 합니다. 그런데 언젠가 한 구역원이 "구역장님, 제가 보기에는 지금 성경을 해석하신 내용이 잘못되었어요."라며 건의했어요. 어떻게 하면 좋을까요?"

"그런 말을 들었을 때 어떤 감정이셨나요?"

"갑작스런 말에 어떻게 해야 할지 몰라 당황했어요. 그리고 그 성경내용은 구역장 모임 때 배운 그대로 전달하는 거였거든요."

"그러셨군요. 이 경우에도 먼저 공감을 한 후에 자신의 마음을 표현하면 좋을 것 같네요. 공감의 말을 생각해보세요. 성경해석이 잘못되었다고 느끼는 구역원은 어떤 감정일까요?"

"해석이 마음에 들지 않는다."

"자기가 생각하기에 다른 사람이 잘못된 해석 그대로 믿을까 걱정된다."

"불쾌하다." 등등의 의견이 나왔다.

"저는 '언짢다'라는 감정 단어를 선택했어요. '마음에 들지 않아 불쾌하다'라는 뜻입니다. 그래서 '성경해석이 잘못되어서 언짢으시군요. 미안합니다.' 이렇게 공감하면 어떨까요?"

"괜찮은 것 같아요."

"그럼 이제 자신의 마음을 표현해볼게요. 해보시겠어요?"

"해석이 잘못되었다니 당황스럽네요. 어떻게 해석하는 것이 올바른지 담당 목사님께 확인해서 알려드릴게요."

"잘했네요. 그러면 종합해서 말해보세요."

- "성경해석이 잘못되어서 언짢으시군요. 미안합니다."
  (공감)
- "해석이 잘못되었다니 당황스럽네요. 어떻게 해석하는 것이 올바른지 담당 목사님께 확인해서 알려드릴게요."
  ('나-전달법')

이렇게 교육을 마쳤다.

신대리는 이번 교육을 통해 장과장의 비난 섞인 말도 공감을 잘하면 해결할 수 있다고 생각했다. 하지만 여전히 자신이 없어 상담하고 연습을 하기로 했다.

장과장과의 갈등 해결

장과장과의 갈등을 해결하기 위해 약속한 상담을 받았다.

상담사: "무슨 일을 도움받기 원하시나요?"

신대리: "상사가 자주 화를 내고 혼자서 '아이 씨'라고 하면서 짜증스럽다는 듯이 혼잣말을 자주해요. 가끔 무시하는 말이나 인신공격하는 말을 해서 괴로워 못 참겠어요. 그렇다고 말하면 더 관계가 나빠질 것 같고요. 스트레스로 회사 가기도 두려워질 때가 있어요. 특히 월요일 오전 업무 회의 때는요."

상담사: "많이 힘드시군요. '못 참겠다'는 표현을 했어요."

신대리: "그만큼 괴롭고 힘들다는 말이에요."

상담사: "네, 그렇군요. 그런데 '못 참겠다'는 말은 괴로운 것을 과장하는 표현을 넘어서는 의미로 해석될 수 있어요. 이 뜻은 상사가 그런 말을 못하게 하도록 만들던가 아니면 수미씨가 회사를 그만두던가 해야만 가능합니다. 어떻게 생각하나요?"

신대리: "뜻풀이를 하면 그래요. 하지만 흔히들 이런 말을 사용하잖아요."

상담사: "그래요. 그런데 우리 뇌는 그렇게 이해하지 않아서 문제가 됩니다. 뇌는 컴퓨터처럼 말한 내용 그대로 이해하곤 합니다. 신경심리학이나 언어심리학에서는 언어가 생각보다 선행하며 심지어 언어가 생각을 제한할 수 있다고 합니다. 그리고 중추신경을 지배한다고까지 말하고 있어요. 그러니까 말한 대로 뇌는 의식한다고 보면 됩니다."

신대리: "'못 참겠다'고 말하면 괴로움을 과장한 것으로 이해 하지 않는다는 거군요. 그러니까 못 참으니까 극단 적인 선택을 하도록 생각하게 된다는 말입니까?"

상담사: "네, 그렇습니다. 그래서 고통이 가중되거나 스트레 스가 됩니다. 그리고 뇌가 피곤하거나 컨디션이 안 좋을 때 '못 참겠다'고 인식되어 폭발할 수 있어요. 상사에게 평소에 못하던 막말을 하든지 아니면 화 를 낸다든지 혹은 갑자기 회사를 그만둔다든지 하 는 것처럼요."

신대리: "과장되거나 극단적인 단어는 뇌가 잘못 이해할 수 있다는 말이네요. 그래서 적절하고 합당한 단어를 사용하라는 말이군요."

상담사: "잘 이해하셨습니다. 지금 하시는 일은 만족하십니까?"

신대리: "네, 제가 일하고 있는 팀은 새로운 시장을 개척하려 고 만든 팀이에요. 전에 실수해서 위기가 있었지만 그런대로 잘 진행되고 있어요. 저는 언젠가 때가 되 면 역량을 키워서 제 회사를 만들고 싶어요. 그래서 지금의 이 팀을 미래의 나의 회사라고 생각히고 연 습하고 있어요."

상담사: "잘 되었네요. 그러면 직장이 수미씨의 목표와 꿈을 이루는 과정이라 생각하고 있네요. 그리고 성장할 수 있는 기회이기도 하구요. 좋습니다. 그리고 상

사분이 수미씨에게만 그렇게 화를 내거나 무시하는 말을 하나요? 아니면 모든 팀원들에게 그렇게 말하고 행동하나요?"

신대리: "모든 팀원들에게요. 제가 바로 과장님 직속이다 보니 저에게 더 심하게 대하고 있어요."

상담사: "개인적으로 수미씨가 미워서 화를 내거나 소리치는 게 아니군요. 다행이네요. 상대의 말을 어떻게 해석하느냐에 따라서 반응은 달라질 수 있어요. 특히 상대방 관점으로 보면 많이 달라집니다. '무슨 일을 그렇게 해.'라고 하는 말을 상대의 관점으로 해석해 보시겠어요?"

신대리: "음, …'제가 하는 일이 기대에 못 미쳐서 화가 난다.' 라는 뜻으로 해석할 수 있을 것 같아요."

상담사: "잘했습니다. 이처럼 상대가 화를 내는 행위는 자신의 마음이 불편하다는 의미입니다. 그리고 가끔 '아이 씨.' 라고 혼자서 말한다고 했잖아요. 그 말이 듣기 싫은 이유가 뭐죠?"

신대리: "저러다가 또 큰소리치고 막말을 할까 봐서요. 그리고 뭔가 꼬투리가 잡히면 지적을 하고 야단을 칠까 봐서요."

상담사: "그러니까 야단을 치거나 막말을 하는 전조이기 때문에 긴장되시는군요."

신대리: "네."

상담사: "그렇다면 다시 상대방 관점으로 해석해 봅시다. 왜
그런 짜증스런 말을 할까요?"

신대리: "아마도 '나 지금 짜증 나! 뭔가 마음에 안 들어.'라
는 생각이 아닐까요?"

상담사: "맞아요. 어떤 욕구가 충족되지 않아 짜증이 나고 기
분이 나쁜 경우는 자신의 문제입니다. 그런데 짜증
을 내다가 마음에 안 들면 야단을 친다고 했지요.
이렇게 비난하고 야단치는 일은 스스로에게 책임지
지 않는 행위입니다. 즉 자신의 문제를 다른 사람에
게 전가하는 일인 셈입니다."

신대리: "자신의 문제를 남에게 책임 전가한다고 생각하니까
장과장님이 안쓰럽게 느껴지네요."

상담사: "네, 지금 느낌이 어떠세요?"

신대리: "과장님이 두렵고 무서웠는데 조금은 해소된 것 같
아요. 마음의 여유도 생긴 것 같구요."

상담사: "앞으로는 그렇게 상대방 관점으로 해석하고 반응하
면 될 것 같아요."

신대리: "그런데요. 막상 구체적으로 어떻게 말을 해야 할지
모르겠어요."

상담사: "좋아요. 그럼 실제로 시연을 한번 해보죠. 최근에
힘들었던 예를 들어주세요."

신대리: "무엇보다도 무슨 내용인지 잘 알려 주지도 않고 '야! 뭐! 그래서! 아이씨 이걸 일이라고 했어.'라고 할 때 어떻게 대응해야 할지 알려주세요."

상담사: "그 경우에는 세 단계로 나눠서 반응하면 되겠네요. 먼저는 상대를 공감해줍니다. 다음으로는 무엇이 잘못되어서 화를 내는지 확인합니다. 마지막으로는 비하하는 말에 대해 앞으로는 존중하는 말을 해달라고 요청하면 됩니다.

첫째, 상대가 무슨 내용인지 알려주지 않고 짜증이나 화를 낼 때 먼저 상대를 공감한다.

둘째, 무엇이 잘못되어서 화를 내는지 확인한다.

셋째, 비하하는 말에 대해 앞으로는 존중하는 말을 해달라고 요청한다.

상담사: "그럼 먼저 공감부터 해보죠. 어떻게 공감하면 될까요?"

신대리: "잘 모르겠어요."

상담사: "그럼 상대의 감정과 욕구를 살펴볼까요?"

신대리: "감정은 짜증도 나고 화도 났어요. 그리고 불만족했습니다. 욕구는 '마음에 들게 업무를 처리해주면 좋겠다.'인 것 같네요."

상담사: "좋아요. 그것을 말로 표현하는 게 공감입니다. 한번 해보세요."

신대리: "과장님 일처리가 잘 안 돼서 화나셨군요. 미안합니다."

상담사: "잘했어요. 그렇게 말하면 과장의 마음도 많이 가라앉을 거예요. 다음으로는 왜 화를 내는지 정확하게 모르겠다고 했잖아요. 그럴 때는 직접 물어보는 방법이 최선이에요. 한 번 물어보세요."

신대리: "'저 그런데, 뭘 잘못했는지 알려주시면 고치겠습니다.' 이렇게 하면 될까요?"

상담사: "좋아요. 마지막으로 '야!', '너!' 와 같이 하대하는 말에 대해서는 그런 말 대신 존중해주는 말을 해달라고 요청하면 좋아요. 그런데 이때 상황을 잘 봐가면서 말해야 합니다."

신대리: "네, 상황을 봐서 말할게요. 그런데 어떻게 말하면 좋을지 알려주세요."

상담사: "'저를 부르실 때 '야!, 너!'보다는 신대리라고 불러주시면 제가 존중받는 느낌이 들 것 같아요.'라고 말하면 될 것 같아요."

신대리: "알았어요. 고맙습니다."

상담사: "공감은 말하는 기술도 있어야 하고 상대의 존재에 대한 수용과 사랑 그리고 밀할 수 있는 용기가 결합된 예술이라고 할 수 있어요."

신대리: "그렇네요. 공감은 기술이자 예술이네요."

상담사: "상담을 받고 난 지금의 느낌은 어때요?"

신대리: "두렵고 무서운 느낌은 많이 사라졌어요. 그리고 필

요할 때 말할 수 있겠다는 용기도 생긴 것 같아요. 무엇보다도 마음이 편안해졌어요."

상담사: "네, 수고했어요. 다음에 봬요."

신대리는 상담을 마치고 무거운 짐을 던 것 같은 기분이 들었다.

며칠 후 장과장이 또 소리쳤다.

팀원들은 고개를 숙이고 눈치 보이지 않게 조심하고 있었다. 신대리는 배운 대로 말해보기로 했다. 크게 심호흡을 하고 장과장 앞으로 다가갔다. 그리고 정중하게 말을 했다.

"과장님! 업무가 마음에 안 들어 화나셨군요. 미안합니다."

그러자 장과장이 깜짝 놀라는 기색이 역력했다. 그리고 무슨 말을 어떻게 해야 할지 몰라 순간 화를 내다가 멈추었다. 팀원들은 '어떻게 저런 말을 할 수 있지?'하고 전부 놀라는 기색이 역력했다. 신대리는 말을 이어갔다.

"어떤 점이 잘못되었는지 알려주시면 고치겠습니다."

이번에도 역시 장과장은 할 말을 잃었다. 사실은 어떤 일이 잘못되어서라기보다 그냥 짜증이 나서 화를 낸 것이었다.

이 일이 있은 후 장과장은 감정 조절을 하기 위해 애썼다. 팀원들은 신대리를 다시 보기 시작했다. 신대리는 자신이 하고 싶은 말을 하고 나니 너무 마음이 시원했다. 그리고 잃었던 권리를 찾은 듯 당당해졌고 자존감도 많이 올라갔다.

1) 어려운 대화

- 어려운 대화는 어렵고 힘들다는 전제를 깔고 대화에 임해야 한다.

- 어려운 대화 때 생기는 두려움과 불안은 본능적으로 일어나는 감정이다. 없앨 수 없다. 하지만 효과적으로 대처하거나 감소시킬 수는 있다.

- 먼저 공감을 한 후에 자신의 마음을 '나-전달법'으로 잘 표현하면 된다.

02 눈에 보이지 않는 자신의 영역 세우기

　　장과장은 야구 광팬이다. 특히 자신이 선호하는 서울에 연고를 둔 팀이 경기를 할 때면 여지없이 보러 간다. 응원하는 팀이 이긴 다음 날에는 괜히 기분도 좋아진다. 술 마시고 노래방에 가는 것보다는 야구 경기 구경이 건전하고 좋다고 생각한다. 그래서 팀별 회식도 야구 경기 구경 가는 것으로 대체를 하곤 했다. 신대리는 어렸을 때 야구공에 맞아서 많이 놀란 기억이 있기 때문에 야구를 싫어한다. 야구장 가자고 장과장이 건의할 때면 신대리는 난처하고 곤란했다. 앞으로도 장과장은 틈만 나면 야구 경기 보러 가자고 할 것 같은데 어쩌면 좋을지 몰라 막막했다.

　　나과장은 기업을 대상으로 영업하는 일을 하고 있었다. 특

수 장비에 대한 전문지식과 기업의 상황을 잘 알고 있는 직원만이 담당할 수 있는 영업부서였다. 지방에서 이 일을 담당하던 직원이 갑자기 건강이 나빠져서 사직을 했다. 기업을 대상으로 하는 영업이기 때문에 잠시라도 공석으로 놔둘 수 없는 자리였다. 그래서 나과장은 임시로 지방으로 발령받아서 내려가게 되었다. 신대리와 이제 친해지기 시작했는데 지방으로 가게 돼서 나과장은 많이 아쉬웠다. 그동안도 바빠서 자주 만나지도 못했는데 지방으로 가면 만나는 횟수는 더 줄어들 게 뻔했다. 지방으로 내려가서 업무 파악하느라 바빠서 몇 주 동안은 주말에도 서울로 올라오지 못했다. 신대리는 나과장이 지방으로 내려간 후에는 건강을 위해 요가학원에 등록했다. 그리고 어학원에도 등록해서 영어를 배웠다.

나과장은 지방에서 일한 지 한 달쯤 되었을 때 서울 출장 건이 생겼다. 그래서 신대리를 만나려고 일부러 서울 출장을 자처했다. 신대리를 놀라게 하려고 출장 소식을 알리지 않고 서울에 와서 전화를 했다.

"수미씨 저 왔어요!"

"오다니요? 어디에 왔다는 거예요. 혹시 서울에요?"

"네. 오늘 서울 출장이 잡혀서 올라왔어요. 오후에는 출장 업무 마쳐요. 저녁에 우리 만나요."

신대리는 그날 요가학원에 갈 예정이었다. 회사 일이 바빠 운동을 하지 못하면 몸이 찌뿌둥했다. 그리고 알게 모르게 살이 찌는 것 같아 기분도 별로였다. 그나마 요가를 하고 나면 몸도 개운해지면서 기분이 좋아졌다. 일주일에 두 번 하는 요가는 빼먹지 않고 가고 싶었다. 그런데 나과장이 거의 한 달 만에 서울에 와서 만나자고 했다. 어떻게 할까 고민되었지만 먼저 나과장을 만나기로 했다. 둘은 만나서 그동안의 밀린 이야기를 하면서 재미있게 시간을 보냈다. 함께하는 시간은 즐거웠지만 운동을 하지 못한 다음 날은 몸도 무겁고 컨디션이 별로였다. 이후로도 서울 출장 건만 생기면 나과장은 힘들고 어려워도 자원해서 서울로 올라오곤 했다. 처음에는 나과장의 마음을 배려해서 만나기는 했는데 차츰 신대리의 사정에 아랑곳하지 않는 태도에 괴로워지기 시작했다. 어떤 때는 다른 친구와의 약속도 파기해야 했고, 영어공부나 요가도 뒤로 미뤄야 했다. 어떻게 하면 좋을지 난감해했다.

경계선 세우기

이번 주 「소공성」 교육은 '경계선 세우기 대화법'에 관한 내용이었다.

"인간은 육체적 영역뿐 아니라 눈에 보이지 않는 다양한 개인적인 영역들이 있어요. 예를 들면 정서, 취미, 기호, 가치관, 시간 등에 해당하는 영역입니다. 상대방은 이러한 영역들을 볼 수 없어서 모르고 들어올 수 있어요. 그러면 침범당한 사람은 아프고 고통스럽습니다. 그래서 어떤 심리학자는 이러한 경계선을 '아야! 선'이라고 했습니다."

눈에 보이지 않는 개인적인 영역을 침범당하면 아프다.

그래서 이러한 경계선을 '아야! 선'이라고도 말한다.

"누군가가 내가 싫어하는 행동을 하면 짜증이 나고 눈살이 찌푸려지잖아요. 그것은 상대가 내가 보호해야 하는 경계선 영역 안으로 들어와서인가요?"

"네, 잘 설명했습니다. 그런데 이렇게 보이지 않는 영역을 보호하기가 어렵다는 게 문제입니다. 심리적으로 부담감을 느끼기 때문인데요, 왜 그런지 누가 말씀을 해보시겠어요?"

"자기가 어떤 음식을 좋아하니까 그것을 먹자고 말하는 게 이기적이라고 생각할 수 있잖아요. 그래서인가요?"

"네, 잘 맞습니다. 또 다른 이유는요?"

"내가 좀 아프고 불편해도 상대를 위해 참고 견디는 것이 사랑이고 배려라고 생각하기 때문이 아닐까요?"

"네, 아주 좋아요. 또요."

"상대는 모르고 들어오잖아요. 그래서 어느 정도 면죄부를 줄 여지가 있기 때문이라고 생각합니다."

"잘 말해주셨어요. 이런 이유들로 우리는 자기 영역에 대한 경계선을 세우지 못하는 경우가 많아요. 그런데 자신의 영역을 알리고 세우지 않으면 상대에게 계속 침범당하게 됩니다. 계속 고통을 당하게 되지요."

"그러면 눈에 보이지 않는 자신의 경계선에 대해서 상대에게 잘 알려야겠네요."

"그렇습니다. 상대는 그러한 영역의 경계를 모릅니다. 그것을 알려주는 일은 자신의 책임입니다."

"그렇군요. 그런데 우리 정서상 너무 자기만 생각하는 이기주의라고 생각될 것 같아요. 그래서 '내가 좀 참으면 되지'라고 생각되곤 해요. 경계선 세우는 게 쉽지 않아요."

"네, 그래서 '상대를 불편하게 하려는 게 아니라 자신의 존재 방식을 알리는 일이다.'라고 생각하시면 좋습니다."

경계선 세우기는 자신의 존재 방식을 알리는 일이다.

"영역을 알리는 일은 내가 누구인지를 상대에게 알린다고 생각하라는 거군요."

"맞습니다. 내 영역은 어디까지인지, 상대를 수용할 수 있는 한계, 그리고 자신의 성격, 기질, 취미 등 존재하는 모습 그대로를 보여주는 것입니다."

"그런 의미라면 꼭 알려야겠다고 생각되는군요. 그런데 자신의 영역을 알리는 경계선을 세우지 않으면 어떤 문제가 생길까요?"

"상대가 자신의 마음을 몰라주니까 원망이 생기게 됩니다. 그리고 자주 일어나면 짜증과 분노가 생기게 되고요. 원망과 짜증, 분노는 관계를 해치는 감정들입니다. 처음에는 관계가 나빠질까 염려되서 경계선을 정하지 않아요. 그런데 나중에는 그것이 걸림돌이 되어 관계가 더 나빠지거나 파괴됩니다."

누군가가 질문을 했다.

"그러면 반대로 영역의 경계선을 잘 세우면 어떤 장점이 있나요?"

"두 사람이 서로 어떻게 다른지를 명확하게 알 수 있게 됩니다. 처음에는 껄끄럽고 왠지 이기적이라고 생각되지만 시간이 지나면서 아주 명쾌해집니다."

"경계선을 세우는 방법이나 어떤 원칙이 있나요?"

"있습니다. 경계선은 자기 자신에게 세워야 합니다."

경계선은 자기 자신에게 세워야 한다.

"자신에게 경계선을 세운다는 의미를 잘 모르겠네요. 좀 더 쉽게 설명해주세요."

"예를 들어 설명할게요. 약속 시간에 자주 늦는 친구가 있다고 가정해보지요. 몇 번을 요청했는데 성격도 그렇고 습관으로 굳어서인지 잘 고쳐지지도 않아요. 그래서 어떤 경우 화도 나고 상대가 싫어지기 시작했어요. 관계가 나빠지는 것 같아서 경계선을 세우기로 했습니다. 어떻게 말하면 좋은지 누가 한 번 말해보실래요?"

"'약속 시간에 늦지 마세요.' 이렇게 말하면 되나요?"

"이렇게 경계선을 세우면 안 된다는 것을 확실하게 알려주시네요. 말씀한 내용은 상대에게 경계선을 세운 경우입니다."

"상대에게 경계선을 세운 경우라고요?"

"네, 지금 말씀하신 내용은 상대의 행동을 통제하려고 하는 내용입니다. 우리는 상대를 통제할 수 있는 권한도 없고 변화시킬 힘도 없습니다. 우리가 할 수 있는 일은 자신의 마음을 상대에게 잘 말하고 영역의 경계선을 알리는 일입니다."

"아직 잘 모르겠어요. 좀 더 설명해주세요."

"몇 번을 요청했는데도 계속 늦으면 자신이 할 수 있는 일이 무엇인지 생각해보죠."

"안 만난다."

"그러면 친구 관계가 나빠지거나 단절될 위험이 생기겠지요."

"그냥 내가 참고 견디면 어때요?"

"그러면 원망, 분노와 같은 관계를 파괴하는 감정들로 관계가 나빠질 확률이 높아요."

"그래서 자신의 경계선을 알리라는 거군요. 그러면 어느 정도 기다리다가 갈 거라고 미리 알리면 어때요?"

"바로 그 방법입니다. 내가 할 수 있는 경계선을 알리는 일입니다. 누가 한번 해보실래요. 자신의 가치관 그리고 마음의 경계선을 잘 알리면 좋습니다."

"'나는 약속 시간을 잘 지키는 일이 중요하다고 생각해. 몇 번 요청했는데도 계속 늦어서 화도 나고 마음이 불편해. 이렇게 계속하다가는 관계가 나빠질 것 같아 걱정이 돼. 더 이상 이대로는 힘들겠어. 앞으로는 늦으면 못 나오는 것으로 간주할게. 그래서 10분 이상 늦으면 그냥 가버릴 거야.'라고 말하면 되나요?"

"정말 잘했습니다. 이렇게 하면 다시 늦어질 때 기다리다 가버리더라도 미리 양해를 구했기 때문에 오해하지는 않겠지요. 물론 상대는 서운하거나 기분이 상하겠지요. 하지만 그것은 자신의 책임이고 문제입니다."

신대리는 최근에 있었던 난감한 상황에 대한 해답을 얻은 것 같아 기뻤다. 장과장이 야구장 가자고 하거나 강모가 불쑥 출장 왔을 때도 잘 대처할 수 있을 것 같은 자신감이 생겼다.

경계선 세우기 갈등

다음 주에 나과장이 또 불쑥 서울 출장을 왔다. 신대리는 나과장와 만난 자리에서 차분하게 자신의 입장을 설명하고 경계선을 정했다.

"강모씨, 많이 바쁘고 힘들 텐데 출장을 자원해서 저를 만나러 와줘서 고마워요. 저도 강모씨 만나는 일이 정말 기쁘고 기대돼요. 그런데 가끔 제가 선약이 있을 때는 매우 곤란해요. 일반적인 경우에는 만날 수 있지만 중요한 약속인 경우에는 못 만날 수도 있어요. 그래서 출장을 결정하기 전에 전화나 문자로 미리 확인해주면 좋겠어요."

"그래요. 그렇게 할게요."

경계선을 잘 정한 신대리는 정말 기분이 좋았다.

몇 주 후, 나과장은 습관대로 미리 확인을 하지 않고 다시 서울 출장을 왔다.

"수미씨, 저 왔어요. 오늘 만날 수 있어요?"

"어머, 오셨네요. 반가워요. 오늘은 못 만나는데, 어쩌죠. 미안해요. 친구 '선희'와 약속이 있어요."

신대리는 그날 선희와 만나기로 약속을 했었다. 신대리는 오랜만에 선희와 둘이서 맛있는 저녁도 먹고 영화도 볼 예정이었다. 선희 남편은 출장 갔고 친정엄마가 아이들을 돌봐준다고 해서 어렵게 얻은 자유 시간이었다.

나과장은 많이 아쉬웠다. 그런데 여자친구 약속 정도는 취소해도 괜찮지 않을까 하는 생각이 들었다.

"선희씨와의 약속은 뒤로 미루고 만나면 안 될까요?"

"저도 강모씨를 만나고 싶어요. 그런데 선희에게는 중요한 약속이라서 어려워요."

"아이! 웬만하면 시간 내주세요."

"미안해요. 어렵겠어요."

"혹시 두 분 만남은 몇 시에 마치나요?"

"11시 경이요."

"그럼 그 시간에는 저는 다시 내려가야 해요."

"그러면 우리랑 함께 만나는 건 어때요?"

"아니요, 여자친구들끼리 하는 자리인데 제가 어떻게 같이 할 수 있어요."

"그렇네요. 미안해요. 오늘은 못 만나겠어요. 잘 내려가세요. 다음에 봐요. 오실 때는 미리 확인해주면 좋겠어요."

"…"

나과장은 기대감이 절망감으로 바뀌면서 불쾌해졌다. 자기가 여자친구보다 못하다는 생각이 드니까 더 우울해졌다. 혼자서 할 일이 없어 저녁을 먹고 혼자서 쓸쓸히 영화를 보다가 지방으로 돌아갔다. 처음에는 서운한 마음이었는데 차츰 그 감정이 깊어져서 분노와 우울로 바뀌기 시작했다. 자기와 만나주지 않은 수미가 괘씸하게 생각되었다. 그러면서 두 사람의 관계에 대해서도 회의가 생겼다.

신대리는 선희와 즐거운 시간을 보냈지만 나과장을 그냥 내려 보내서 마음 한구석이 찜찜했다. 그래서 다음 날 즉시 문자를 보냈다.

"만나지 못하고 그냥 내려가서 많이 허전하고 외로우셨겠네요. 미안합니다. 저도 많이 아쉽고 미안했어요. 다음에는 서로가 좋은 시간에 만날 수 있기를 기대해봅니다."

마음이 상한 나과장은 며칠 동안 답문을 보내지 않았다.

신대리는 답문이 없자 나과장이 많이 삐쳤구나하고 생각

했다. 그러면서 자신이 잘못한 것은 없는지 생각해보았다.

'미리 양해를 구하고 경계선을 정했다. 그리고 선희의 약속은 연기하거나 파기할 수 없는 중요한 일이었다. 나과장에게는 미안했지만 어쩔 수 없는 일이었다. 그런데도 내가 이렇게 마음이 불편한 이유는 무엇일까?'

그래서 「소공성」 강사에게 상담을 요청했다.

경계선 세우기 상담

상담사: "어서 오세요. 무슨 일인가요?"

신대리: "예, 제가 강사님이 하라는 대로 경계선을 정하고 그 대로 했어요. 그런데 관계가 오히려 나빠진 것 같고 마음이 불편해서요."

상담사: "그러시군요. 그럼 그 사건에 대해서 말씀해보세요."

신대리: 나과장과 있었던 일들에 대해 자세히 설명했다.

상담사: "마음이 불편하다고 했는데, 가장 강하게 느껴지는 감정 카드 3장을 찾아보시겠어요?"

신대리: '불편한', '실망스러운', '걱정스러운'이라는 3장의 카드를 골랐다.

상담사: "왜 그런 감정이 드는지 설명해보시겠어요?"

신대리: "이러한 상황이 계속되는 게 많이 불편해요. 그만한

일로 삐치는 강모씨에게 실망했고요. 그리고 관계
가 나빠질까봐 걱정돼요."

상담사: "불편한 감정에 대해서 얘기해보죠. 오늘 아침에 일
어나서 지금까지 모든 일이 수미씨 마음대로 되던
가요?"

신대리: "아니요, 제 마음대로 되지 않는 게 많았어요."

상담사: "그럴 때는 상황에 따라 기분 나쁜 감정들이 생기고
불편해지겠지요."

신대리: "네."

상담사: "이처럼 불편함은 우리 삶의 일부분입니다. 우리는
대부분 불편한 상태로 생활을 하고 있습니다. 그래
서 불편함을 인정하고 수용하는 태도를 가지면 마
음이 오히려 편안해집니다."

신대리: "맞는 이야기인 것 같은데 잘 이해가 안 되네요."

상담사: "불편한 마음이 들 때 으레 그러려니 하고 생각하면
자유로워져요. 즉 불편한 상황을 있을 수 있는 생
활의 한 부분이라고 수용하면 마음이 편해지지요.
필요할 때는 어느 기간까지 그것을 견뎌내기도 하
고요."

신대리: "강모씨와의 일로 인해 생긴 불편함을 있을 수 있는
감정이라 생각하고 수용하라는 말인가요?"

상담사: "네, 강모씨는 나름대로 섭섭하고 기분이 나빠져서

삐칠 수 있습니다. 그런 강모씨의 마음을 공감해 주고 참고 기다려주면 됩니다. 그러면 언젠가는 돌아올 수 있겠지요. 안 돌아오면 아직 결혼할 만큼 성숙하지 못하다고 생각하면 어떨까요?"

신대리: "그렇네요."

상담사: "다음으로 관계가 나빠질까 걱정된다고 했지요. 관계가 나빠지면 어떻게 될 것 같나요?"

신대리: "헤어지게 되겠지요."

상담사: "헤어지면 어떻게 될 것 같나요?"

신대리: "엄마와 친구들이 실망하겠지요. 그동안 남자친구들과 많이 만나고 헤어졌거든요. 저는 또다시 절망하게 되고요. 나이도 있어서 더 늦어지면 안 될 것 같기도 하고요."

상담사: "나이도 걱정되고 주위 분들이 실망할까 걱정이 되는군요."

신대리: "네."

상담사: "헤어질 때는 다양한 이유가 있어요. '누구의 문제인가?'라는 관점으로 그 이유를 정리해보지요. 세 종류로 나눌 수 있어요. 자신의 문제, 상대의 문제, 그리고 두 사람 모두의 문제입니다. 어디에 해당한다고 생각하나요?"

신대리: "일단 제 문제는 아닌 것 같고요. 상대나 두 사람 모

두의 문제일 것 같아요."

상담사: "왜 두 사람 모두의 문제라고 생각하나요?"

신대리: "내가 만나줬더라면 상대가 실망하거나 삐치지 않았
　　　　을 것 같아서요."

상담사: "선택을 해야 하는 어려운 경우를 우리는 많이 만나
　　　　고 있습니다. 그 상황에서 강모씨를 만나고 '선희'
　　　　씨와의 약속을 파기했다면 어떻게 되었을까요? '선
　　　　희'씨가 선의의 괴로움을 받았겠지요. 수미씨가 '선
　　　　희'씨를 선택하는 것은 누가 생각해도 가장 적절했
　　　　다고 생각합니다. 그래서 두 사람 모두의 문제라는
　　　　데는 동의할 수 없어요."

신대리: "결론적으로 상대가 문제인 상황이네요."

상담사: "네, 상대는 스스로 나름의 시각으로 상황을 해석하고
　　　　반응합니다. 그것을 우리가 어떻게 할 수 없어요."

신대리: "그렇네요."

상담사: "상대의 문제로 헤어질 경우에도 엄마나 친구가 실
　　　　망할까요? 아니면 그럴 수 있다고 다시 잘하면 된
　　　　다고 격려할까요?"

신대리: "격려하겠지요."

상담사: "그리고 상대가 아직 성숙하지 않아서 헤어지는 상
　　　　황에서는 어떤 감정과 생각이 들까요?"

신대리: "글쎄요. 아마도 안타깝지만 어쩔 수 없다고 생각할

것 같네요. 절망하지는 않을 것 같아요. 제 마음이 어느 정도 정리가 되었네요. 그러면 이 상황에서는 어떻게 하면 되나요?"

상담사: "강모씨가 마음을 추스르고 돌아올 때까지 참고 기다리면 될 것 같아요. 그리고 기회가 되면 상처 입은 마음을 공감해주면 좋고요."

신대리: "네, 알겠어요."

상담사: "지금 느낌 어때요?"

신대리: "많이 편안해졌어요. 그리고 강모씨의 삐친 마음을 잘 공감해줘야겠다고 생각했어요."

이렇게 상담을 마쳤다.

신대리는 관계가 더 나빠질까 걱정했던 마음이 가벼워지고 평안해졌다. 다시 일상으로 돌아올 수 있었다.

경계선 세우기 결과

한편, 나과장(강모)은 삐친 마음에 답문을 보내지 않았지만 마음은 편하지 않았다. 시간이 지나면 잊어버리겠지 생각했는데 오히려 반복해서 생각나서 괴로웠다. 그러던 어느 날 문득 '나는 문제가 없었나?'하는 생각이 들었다.

'수미는 다른 선약이 있으면 만나지 못할 수도 있다고 양해를 구했다. 그리고 출장 오기 전에는 만날 수 있는지 미리 확인해 보고 오면 좋겠다고 했는데 자신은 그냥 올라갔다. 그리고 선약이 있어서 미안하다고 진정으로 안타까워했다. 무엇 하나 잘못한 점이 없었다. 명백히 수미의 문제가 아니다. 그런데 자신은 상대 탓을 하고 있다.'

이렇게 잘못이 자기에게 있다고 깨닫게 되었다. 즉시 사과의 문자를 보냈다.

"내가 답문을 하지 않았네요. 미안해요. 만나지 못해 삐친 마음이 이제 좀 가라앉았어요. 내가 밴댕이 소갈머리같이 속이 좁은 것 같아요. 앞으로는 미리 약속이 있는지 확인하고 올라갈게요."

이 문자를 받고 신대리는 관계가 회복되는 기미가 보여 기뻤다. 그리고 잘 견뎌낸 자신이 자랑스러웠다.

신대리도 즉시 문자를 보냈다.

"많이 섭섭하고 괴로웠군요. 저도 많이 미안했어요. 빨리 만날 수 있으면 좋겠어요."

이 일로 나과상은 상대를 배려하는 습관이 생기게 되었다. 그리고 신대리는 경계선 세우기 대화에 자신감이 생겼다. 장과장에게도 시도해 볼 수 있는 용기도 생겼다. 서서히 마음의 근육이 튼튼해지고 내면의 힘이 커지고 있었다.

며칠 후 장과장이 또 다시 야구 구경가자고 했다. 신대리는 미리 연습한 대로 경계선을 세우기로 결정하고 시도했다.

"장과장님 야구를 진정으로 좋아하고 즐기시는군요."

"오, 그렇지 뭐."

"직원들이 술 먹고 노래방 가는 것보다 더 건전하고 좋다고 생각하시는군요."

"그래! 스트레스도 해소되고 술 먹는 것보다 훨씬 건전하지."

"네. 그래요. 그런데 저는 개인적으로 야구를 싫어해서 …"

"응! 왜 얼마나 재미있는데. 왜 싫어하는데."

"어렸을 때 야구공에 맞아서 많이 놀랐어요. 그리고 야구 규칙도 잘 모르고요."

"그랬어? 그래도 신대리가 안 가면 허전한데. 신대리가 빠지면 다른 팀원들도 가기 싫으면 안 가는 일이 생길 것 같고. 어떡하지."

"그게 걱정되는군요. 그러면 갈게요. 야구를 재미있게 즐길 수 있도록 노력해볼게요. 몇 번을 갔는데도 적응 못하면 그때는 안 가도 되나요?"

"그럼. 노력했는데도 안 되면 어쩌겠어. 싫은데도 가주면 고맙지."

"고맙기는요."

이렇게 장과장에게 자기가 싫어한다는 마음을 전하고 나니 후련해졌다. 그리고 노력해도 안 될 때는 가지 않아도 된다는 약속도 받아냈다. 즉 자신의 경계선을 세웠고 과장에게서 그 확답을 받았다.

정말 뛸 듯이 기뻤다. 야구가 오히려 더 재미있어질 것 같았다.

요약

1) 경계선 정하기
- 정서, 취미, 기호, 가치관, 시간 등에 해당하는 이러한 영역들은 상대방의 눈에 보이지 않는다. 그래서 누군가가 허락 없이 이러한 고유 영역에 들어오면 아프고 고통스럽다. 그래서 피하거나 자신을 방어하게 된다. 때로는 반격하게 되기도 한다.
- 자기 영역의 한계 안에 누군가가 들어오면 아프다. '아야! 선'이라고도 한다.
- 경계선은 자기 자신에게 세워야 한다

2) 보이지 않는 자신의 영역을 보호하기가 어렵다.
- 상대방이 모르고 들어오는 일이 종종 있기에 어느 정도 면죄부를 줄 여지가 있다.
- 자기 영역의 한계를 세우는 것을 이기적인 것으로 생각하는 경향도 있다. 상대를 불편하게 하려는 게 아니라 자신의 존재방식을 알리는 일이다.

- 내가 좀 아프고 불편해도 상대를 위해 참고 견디는 것이 사랑이고 배려라고 일반적으로 생각한다.

3) '아야! 선'인 영역 알리기는 본인의 책임
- 누구나 관계 속에서는 자신의 영역의 한계를 상대에게 알려주어야 한다. 상대는 그러한 영역의 한계를 모르기 때문에 그것을 알려주는 일은 자신의 책임이다.
- 영역을 알리고 세우지 않으면 상대에게 계속 침범 당하게 된다.

4) 영역 세우기, 처음엔 껄끄러워도 나중엔 만족!
- 갈등이나 문제를 올바로 해결하기 위해서는 서로가 그 문제를 인식해야 한다.
- 상대가 모르거나 잘못 인식하는 문제는 알려주어 스스로 책임지도록 해야 한다. 그러지 않는 한 문제나 갈등은 해결되지 않는다.

03 「자존감 노트」로 비난 대처하기

　나과장에게서 반가운 소식이 왔다. 지방에서 근무를 잘 마치고 서울로 다시 돌아왔고 영업팀장으로 승진도 했다. 서울로 올라온 후에 두 사람은 더 자주 만날 수 있었고 관계도 점점 친밀해졌다. 모든 것이 순조롭고 잘 되고 있었다. 그러던 어느 날 나팀장이 아주 괴로워하는 모습에 신대리는 걱정이 되었다.

　"무슨 일 있어요?"

　"아니! 별일은 아닌데. … 좀 힘들어서요."

　"많이 힘든 모양이네요. 회사일인가요? 아니면 다른 고민이 있어요?"

　"네, 영업부를 총괄하는 본부장이 새로 왔는데 워낙 유명한 사람이라서요."

"유명! 영업을 잘해서 유명하나요?"

"다른 회사에서 영업을 잘해서 우리 회사에서 스카우트 해왔어요. 그런데 이분이 자기 식으로 영업실적을 내라며 밀어붙이네요."

"영업실적을 몰아붙여서 많이 괴롭군요."

"우리 팀은 기업이 대상이기 때문에 실적이 금방 나지 않아요. 장기전으로 끊임없이 신뢰를 쌓고, 많이 투자해야 결실이 나오는데…"

"많이 힘들겠네요."

"수시로 불러서 실적을 올리라고 하고 그렇지 않으면 비난과 폭언을 서슴지 않고 해대서 너무 힘들어요. 어떻게 해야 좋을지 모르겠어요."

신대리는 나팀장 회사 일이 걱정되었다. 공감하고 위로해 주었지만 그것만 가지고는 부족했다. 무엇인가 근본적인 대안이 필요했다. 고민하고 있다가 「소공성」 교육 내용이 생각났다. '비난에 대한 올바른 이해', '비난의 화살을 피해 가는 법'이 있었다. 이 교육을 받으면 나팀장이 도움을 받을 수 있겠다고 생각되었다. 그런데 나팀장은 이런 교육에 흥미와 관심이 없어 허락할 것 같지 않았다. 그래서 어떻게 설득할까 고민되었다.

신대리는 걱정거리가 있거나 마음이 안정되지 않을 때는

서점에 들르곤 한다. '나팀장을 설득할 만한 대안을 찾을 책이 있을까?'하는 마음에 이 책 저 책 골라보았다. 책을 고르다가 에릭 시노웨이와 메릴 미도우가 지은 『하워드의 선물』이란 책을 보게 되었다. 부제로 '인생의 전환점에서 만난 필생의 가르침'이란 글귀가 눈에 들어왔다. 하버드 경영대학의 유명한 '하워드 스티븐슨 교수'가 알려주는 인생의 지혜를 담은 책이었다. 내용을 보니 자기나 나팀장처럼 새로운 전환기에 있는 사람들에게 잘 맞는 책이라 생각했다. 좋은 책을 발견해서 뿌듯했다. 순간! '선물'이라는 단어에 나팀장을 교육에 참가하도록 할 수 있는 좋은 아이디어가 생각났다.

"강모씨! 오늘 퇴근 후 시간 되면 잠시 만나요! 제가 맛집으로 안내할게요."

"맛집이요. 좋지요. 그런데 웬일로요?"

"일단 오세요."

둘은 한강이 보이는 멋진 레스토랑에서 맛있는 저녁을 함께했다.

"오늘 저녁은 어땠어요?"

"아주 좋았어요. 맛있었어요. 이런 곳이 있는 줄은 정말 몰랐어요."

"그래요. 한 달 후면 제 생일인 것 아시죠?"

"알지요. 좋은 생일 선물을 원해서 오늘 저녁 산 거에요? 그렇지 않아도 어떤 선물을 할까 생각 중이었어요. 알려줘요. 가능하면 준비해줄게요."

"정말이에요? 고마워요. 제가 원하는 선물은 비싸지도 어렵지도 않아요."

"그래요. 정말 다행이네요. 좀 비싸도 괜찮은데…"

"단 한 가지 전제 조건이 있어요. 제가 말하는 선물을 꼭 들어주셔야 해요."

"뭔지 말하면 들어보고 결정할게요."

"그러면 말 안 할 거예요. 어렵지도 비싸지도 않은데 꼭 들어준다는 조건을 만족해야 말할 수 있어요."

"허참! 어쩔 수 없네요. 들어줄게요, 말하세요."

"저와 함께 교육에 참여해요."

"교육이요? 어떤 교육인데요?"

"「소공성」 교육이요. '소통과, 공감으로 만드는 성공적인 행복한 인생'의 첫 글자를 사용해서 소.공.성.이라고 해요."

"이름은 좋은 것 같은데 무슨 교육을 하는데요?"

"이번에 '비난에 대처하는 방법', '비난의 화살을 피해가는 법'을 강의해요. 강모씨가 회사에서 본부장님에게 비난당할 때 좋은 방법을 알 수 있을 것 같아서요."

"그래요. 내가 바빠서 교육을 받기에 부담은 되는데, 내용은 필요한 것 같네요. 언제 하지요?"

"토요일 오전과 저녁 두 번 있어요. 그리고 매주 한 번씩 교육해요."

"시간은 되네요. 등록하면 되겠네요. 그런데 데이트하는
시간이 줄어드는데."

"같이 교육 받으면서 데이트하면 더 좋지 않아요?"

"그래요. 그럼 교육 받을게요."

"허락해줘서 고마워요."

"고맙기는요. 제가 더 감사하지요."

헤어지고 집으로 돌아오는 길에 신대리는 뛸듯이 기뻤다.
자신이 지혜롭게 나팀장을 설득할 수 있어서 감사했다. 그리
고 교육을 통해 비난을 잘 이겨낼 수 있는 지혜를 배울 수 있
을 것 같아 기대되었다.

비난이란?

"비난이 왜 우리에게 나쁜 영향을 미칠까요?"

"듣기 싫은 말이기 때문이요!"

"좋습니다. 어떤 말이 듣기 싫은거죠?"

"글쎄요. 아무튼 싫어요. 좌절, 절망, 분노, 억울, 원망, 고
통, 괴로움, 걱정, 두려움 등등 부정적이고 불편한 감정들이
생겨서 싫어요."

"그렇습니다. 비난의 말은 대부분 존재가치를 부정하기 때
문에 나쁜 영향을 미칩니다. 그래서 본능적으로 싫어집니다."

비난의 말은 대부분 존재가치를 부정하기 때문에 나쁜 영향을 미친다.

"존재가치를 부정한다는 말은 존재가 형편없다고 말한다는 뜻인가요?"

"네, 비난의 말은 대부분 행위가 아닌 존재를 비하하는 말입니다. 예를 들어볼게요.

말썽을 피우고 비행 청소년이 된 자녀가 있다고 가정해봅시다. 야단이나 잘못을 지적할 때 어떻게 말하시나요?"

예 1) 학교도 안 가고 나쁜 아이들과 어울려? 이런 한심한 놈! (나쁜 놈)

예 2) 학교 안 가고 나쁜 아이들과 어울려 다녀서 정말 걱정되고 속상해!

"보통 예1) 이나 예1), 2)를 다 말하는 것 같아요."

"예2)처럼 그 행동을 말하는 것보다는 예1)처럼 존재를 비하하는 경우가 많습니다. 이렇게 존재가 비난받으면 자존감이 떨어집니다. 그리고 '상대는 나를 사랑하지 않는다'는 잘못된 생각을 가지게 됩니다."

"그렇군요."

"비난은 인간관계를 해치고 서로에게 괴로움을 유발해서 문제가 됩니다. 그래서 대부분 비난은 부적절하고 부당합니다. 그렇다고 비난이 모두 잘못되었다는 의미는 아닙니다."

"혹시 비난에 대한 올바른 정의가 있나요?"

"네, 어느 책에 보니 비난에 대한 정의가 있는데, 너무 마음에 와 닿아서 소개합니다. 저를 따라서 함께 외워보도록 합니다."

비난은 충족 안 된 자신의 욕구를 상대 탓으로 돌려 말하는 책임 전가의 방법이다.

"비난은 비난하는 사람의 문제이로군요. 이 정의를 충분히 이해하면 상대가 나를 공격한다는 생각에서 자유로워지겠네요."

"네. 그리고 상대의 어떤 욕구가 충족 안 되었는지 살펴볼 수 있는 여유도 생길 수 있습니다. 제가 강의하고 나서 피드백을 받을 때의 일이었어요. 4~5명은 대체로 강의에 만족하다고 좋은 반응을 보였어요. 그런데 한 명이 강의가 얼마나 형편없었는지를 메모지를 보면서 조목조목 반박하더라구요. 예전 같았으면 매우 좌절되거나 기분이 상했을 거예요. 그런데 잘 들어보니 자신이 원했던 강의가 아니라서 일어나는 문제라고 생각되었어요. 그래서 이렇게 말했습니다. '원하는 강의가 아니라서 많이 실망하셨네요. 미안합니다. 필요한 부분은 수정할게요. 그리고 욕구를 충족시켜드릴 수 있는 강의를 들으시면 될 것 같습니다."

"우와! 정말 잘하셨네요."

"저도 비난에 잘 대처한 자신이 대견했었어요."

"비난을 받을 때 이러한 정의를 정확히 기억하면 덜 고통스럽겠네요."

"네, 반대로 말하면 누군가를 비난하고 싶을 때는 자신이 문제임을 알게 될 것 같아요. 그리고 어떤 욕구가 충족되지 않았는지 뒤돌아보기도 하구요."

"그렇네요."

자존감 노트

"이번에는 비난에 대처하는 방법들을 알려드리겠습니다. 비난 대처 방법은 두 가지가 있어요. 첫째는 자존감 키우기, 둘째는 공감과 인정으로 피뢰침처럼 통과 시키기입니다. 이 중에서 오늘은 자존감 키우기를 알려드리고 실습을 하도록 하겠습니다."

비난 대처 방법
첫째는 자존감 키우기.
둘째는 공감과 인정으로 피뢰침처럼 통과시키기.

"비난을 들으면 자존감이 떨어지니까 자존감을 다시 회복하면 된다는 말인가요?"

"그렇습니다. 특히 비난하는 사람이 상사이거나 부모처럼 영향력 있고 중요한 사람일 경우에는 정말 힘이 듭니다. 여러분도 이런 경우를 마주하게 되지요?"

"그럼요. 회사 상사나 부모님 경우에는 스트레스가 되지요. 삶을 고통스럽고 무기력하게 만들고 회사도 가기 싫어지고 집에 들어가기도 싫어져요. 때로는 애꿎은 다른 사람에게 스트레스를 풀기도 해요. 악순환의 연속인 것 같아요."

"그렇습니다. 어떻게 자존감을 회복할 수 있을까요?"

"글쎄요. 잘 모르겠어요. 떨어진 자존감을 높이는 방법을 잘 모르겠어요."

"네, 비난을 들으면 머리가 하얘지고 어떻게 해야 할지 모르게 돼요. 그리고 그 순간 자신을 추스르는 말도 생각 안 납니다. 빨리 그 자리를 벗어나고 싶어져요. 그 순간에는 어떻게 할 수 없어요. 그럴 땐 조용하게 혼자 생각할 수 있는 장소를 선택합니다. 그리고 비난 당한 상황을 재현하고 대응할 말을 생각하고 「자존감 노트」에 기록합니다."

"비난 당할 때는 어쩔 수 없이 듣고, 그 후에 차분하게 생각하면서 대응하는 말을 생각해보라는 말이군요."

"네, 그렇습니다. 이렇게 하면 스스로 비난에 대처할 마음의 자세가 서서히 생기게 됩니다. 얼마 동안은 「자존감 노트」를 봐야 합니다. 하지만 계속하면 「자존감 노트」를 보지 않아도 자동적으로 떠올릴 수 있게 됩니다."

"비난에 대처하는 마음의 맷집이 생길 수 있겠네요."

"네, 「자존감 노트」를 작성하면 자존감이 높아지면서 마음의 근육이 생기기 시작합니다. 그렇게 되면 웬만한 비난에도 잘 참아낼 수 있게 됩니다.

「자존감 노트」를 작성하면 자존감이 높아지면서 마음의 근육이 생기기 시작한다.

"그럼, 어떤 방식으로 노트에 기록하면 될까요?"

"네, 어려운 대화를 풀어가는 방식에다가 자존감을 높이는 말을 하나 더 보태면 됩니다. 그러니까 먼저 상대를 공감하고, '나-전달법'으로 자신의 마음을 표현합니다. 그리고 비난이 어떤 부분을 공격하는지 확인합니다. 그리고 그 부분에서 자존감을 높이는 객관적이고도 당당한 말을 적으면 됩니다."

본부장에게 실적 압박과 비난으로 고통받고 있는 나팀장은 자신의 문제를 해결 받고 싶었다. 그리고 처음 교육을 받아서인지 공감과 '나-전달법'이 잘 이해되지 않았다.

"강사님! 직장에서 상사로부터 비난받고 있어 고통스러워요. 강의 내용은 충분히 이해되었어요. 그런데 어떻게 공감하는지 '나-전달법'으로 마음을 어떻게 표현하는지 잘 모르겠어요. 제 사례를 실제로 연습하면 어떨까요?"

"좋아요. 강모씨는 오늘 처음 오셔서 잘 모를 수도 있겠어요. 어떤 비난의 말을 듣는지 알려주세요."

"네, 주로 듣는 비난의 말이 두 가지예요. '이 정도 일하고 봉급을 받는단 말이지.'라는 말과 '말귀를 못 알아듣냐? 대학 교는 어떻게 나왔어!'라는 말입니다."

"네. 그럼 먼저 첫 번째, '이 정도 일하고 봉급을 받는단 말 이지'라는 말부터 시작할게요. 공감은 상대의 마음을 읽고 표 현하는 말입니다. 마음이라 하면 너무 광대하고 모호하기까 지 해요. 마음 중에서 대화를 통해 어느 정도 파악할 수 있는 요소가 감정과 욕구입니다. 첫 번째 비난에서 상대는 어떤 욕구가 있었고 어떤 감정일까요?"

"실적이 오르길 바랐는데 안 올라서 화가 났을 거예요. 아 니면 실망했을 수도 있구요."

"그 욕구와 감정 단어를 사용해서 공감의 말을 해보세요."

"실적이 별로여서 화가 나셨군요.(실망하셨네요.)"

"좋아요. 다음은 자신의 마음을 표현하면 되는데요. 공감 과 마찬가지로 관찰한 내용과 감정과 욕구를 말해보세요."

"나름 열심히 했는데 실적이 안 올라서 괴로워요. 그리고 비난의 말을 들으니까 기분도 상하고 마음이 아파요."

"네. 「자존감 노트」에는 아무도 보지 않으니까 적어도 괜찮 습니다. 그런데 나중에 상사에게 직접 말을 할 경우에는 감 정표현은 조심해서 사용해야 합니다. '기분이 상했다. 마음이 아팠다.' 등의 표현은 사용하지 않는 게 좋습니다. 이번에는 공격당한 말에 대해서 자존감 높이는 말을 해보세요."

"충분히 봉급 받을만한데 그렇게 말하니까 억울하고 기분이 나빠요. 오히려 봉급보다 더 많은 실적을 올려주고 있기도 하거든요."

"바로 그 부분의 자존감을 높이는 말을 해보세요."

"…이번에는 실적이 별로였지만 나름 제 봉급보다 많은 매출을 올려주고 있어요."

"그럼 지금 저와 나눈 이야기를 정리해보세요. 이렇게 「자존감 노트」에 적으시면 됩니다."

나팀장은 정리해서 다시 말해보았다.

본부장: "이 정도 일하고 봉급을 받는단 말이지."(비난)

나팀장: "실적이 별로여서 화나셨군요."(공감)

"열심히 했는데 실적이 오르지 않아 저도 괴로워요. 비난의 말을 들으니까 기분도 상하고 마음이 아파요."(마음표현)

"이번에는 실적이 별로였지만 나름 제 봉급보다 많은 매출을 올려주고 있어요."(자존감을 높이는 말)

교육생 모두 잘했다고 칭찬해주고 격려했다.

"이런 식으로 비난의 말인 '말귀를 못 알아듣냐? 대학교는 어떻게 나왔어!'를 가지고 감정 노트를 만들어보세요."

나팀장은 신대리와 상의하면서 두 번째 비난의 말에 대해서 「자존감 노트」를 만들었다.

본부장: "말귀를 못 알아듣냐? 대학교는 어떻게 나왔어!"(비난)

나팀장: "제가 잘 이해하지 못해서 답답하군요."(공감)

"그렇게 말씀하시니 억울하고 기분이 나빠요."(마음
표현)

"원하시는 것을 잘 설명하면 알아들어요. 제가 부족
한 부분은 좀 더 잘 가르쳐 주시면 좋겠어요."(자존
감을 높이는 말)

"이번에는 그룹별로 자신이 받는 비난의 말에 대해「자존
감 노트」를 만들어보세요. 그리고 그룹원들은 돌아가면서 다
른 사람의 비난에 대해 자존감 높이는 말을 덧붙여서 적어주
세요. 그러면 생각지도 못한 격려와 긍정적인 말을 알 수 있
게 됩니다."

그룹별로「자존감 노트」를 작성하고 발표했다.

딸: "엄마는 왜 그렇게밖에 못 살아."(비난)

엄마: "엄마의 모습이 네 마음에 안 들어서 속상하구나."(공감)

"나도 이제 와서 보니 나의 모습이 맘에 들지 않아."(마
음표현)

"자존감 높이는 말의 문장이 잘 떠오르지 않아요. 단지 '앞
으로 더 노력할게. 지금부터 다시 시작한다. 나는 할 수 있

어.' 이런 말이 생각나요."

"그 말도 괜찮네요. 또 다른 말은요?"

"너무 걱정하지 마! 지금부터 다시 한다."

"그게 자존감 높이는 말이잖아요. 잘했어요. 다른 분들이 적어준 말 읽어보세요."

그룹원1: "그래도 엄마는 다른 사람을 해치거나 피해를 주지 않고 살아왔어. 부러워하는 사람도 있어."

그룹원2: "지난 일을 되돌릴 수 있다면 나도 좋겠다. 기대해 줘. 놀라게 해 줄거야."

그룹원3: "최선을 다하는 내 모습을 봐 줘."

"세 가지가 다 내가 하고 싶은 말이네요. 고맙습니다."

"이렇게 여러분이 생각하지 못했던 말들을 그룹원들이 해 줄 수 있어요. 다음 분?"

아내: "당신은 왜 그렇게 잘 움직이지도 않고 소극적이고 게으르게 살아요?"(비난)

남편: "내가 생각만 하고 잘 움직이지 않아서 많이 답답했군요."(공감)

"내가 아무것도 하고 있지 않은 것만은 아닌데 그렇게 말하니 속상하고 마음이 아파요."(마음표현)

"신중하게 결정하기 위해서였어요. 그 일을 시작하면 돌이키거나 멈추지 않고 끝까지 하기 위해 좀 더 제대로 준비했던 것 뿐이에요."(자존감을 높이는 말)

"다른 분들이 적어 준 말도 발표해주세요."

그룹원1: "관심 있는 일은 나름 적극적이고 열심을 낸답니다."
그룹원2: "느릿하지만 확실하게 하는 것이 마음이 편하고 좋아요."
그룹원3: "잘 움직이지 않고 소극적인 모습도 사랑하는 마음으로 이해해주면 좋겠어요."

이런 식으로「자존감 노트」를 발표했다.
"「자존감 노트」를 적어보니 어떠셨나요?"
"비난에 적절하게 대처할 수 있을 것 같아요. 미처 생각하지 못했던 좋은 말들을 그룹원들이 적어주니 더 좋았어요."
나팀장과 신대리, 하영이는 교육에 만족했다. 하영이도 학교에서 학생들과 학부모로부터 받는 스트레스를 견디는 방법을 알아서 기뻤다. 나팀장은「자존감 노트」를 적으면 회사에서 상사로부터 받는 비난을 견뎌낼 수 있을 것 같았다. 세 사람 모두 다음 회기에 있을 '비난의 화살 피하기' 교육을 기대하게 되었다.

1) 비난이란?

충족이 안 된 자신의 욕구를 상대 탓으로 돌려 말하는 책임 전가의 방법이다.

2) 자존감 노트

• 비난을 받고 난 후 조용하게 혼자 생각할 수 있는 장소를 선택한다. 그리고 비난당한 상황을 재현하고 대응할 말을 생각하고 「자존감 노트」에 기록한다.

• 작성 방법

① 비난의 내용

② 공감

③ 마음표현

④ 자존감을 높이는 말

• 얼마 동안은 「자존감 노트」를 봐야 한다. 계속하면 「자존감 노트」를 보지 않아도 자동적으로 떠올릴 수 있게 된다.

• 「자존감 노트」를 작성하면 자존감이 높아지면서 마음의 근육이 생기기 시작한다.

04 공감과 인정으로 비난 대처하기

　　나팀장은 「자존감 노트」 작성법을 배운 뒤 스트레스에서 어느 정도 벗어날 수 있었다. 괴로움도 많이 해소되었고 밝은 모습을 되찾을 수 있었다. 본부장의 영업 독촉이나 비난에도 잘 견딜 수 있게 되었다. 결과에 관계 없이 자신이 할 수 있는 최선을 다하자고 매일 마음 먹었다. 비록 직장생활이 힘든 일도 있었지만 스스로 자존감을 유지하며 열심히 일했다.

　　하영이는 중학교에서 담임을 맡고 있었다. 어느 날 한 학생이 청소 시간에 커터칼로 친구들과 장난치다가 손가락을 다쳤다. 보건실로 바로 보낸 후에 진료를 보고 응급처치를 받았다. 보건 교사는 병원에서 진료를 다시 보는 게 좋다고 했다. 그 권유에 따라 학생에게 병원에 가보라고 전달했다. 잠시 후에 그 학생의 학부모에게 전화가 왔다. 그런데 다짜고짜 반말과 큰소리로 고함부터 쳤다. 어이가 없었지만 화난 부모님을 달래려면 '미안합니다'라고만 해야 했다. 학생의 말만 듣고 상황을 잘 모르는 상태인 것 같았다. 그리고 자신들은 일을 하고 있어서 아들과 함께 병원에 갈 수 없다고 짜증을 냈다. 그래서 학생을 다시 만나 함께 병원에 가서 치료한 후에 저녁을 먹였다. 약도 챙겨 먹이고 차까지 함께 마시고 부모님 퇴근 시간까지 함께 있다가 집으로 보냈다. 하루가 지난 후에 부모님이 자신들이 오해했다고 사과하고 감사하다고 전화를 줬다. 문제가 잘 해결되어 다행이지만 '이러려고 선생이 되었나'하는 생각이 들어 허탈했다. 이러한 비난에 어떻게 대처하면 좋을지 빨리 알고 싶었다.

공감과 인정으로 비난 대처하기

"오늘은 저번 시간에 말씀드린 두 번째 비난 대처 방법을 알려드리겠습니다. 공감과 인정으로 비난에 대처하는 방법입니다. 비난을 들으면 기분이 상하고 나쁘지만 그 말의 내용은 대부분 맞을 확률이 높습니다. 그래서 상대가 비난할 때는 먼저 공감하고 인정하는 방법이 효과적입니다."

"공감을 하면 어떤 효과가 생기나요?"

"비난하는 사람의 감정을 대신 표현해주고 수용해주면 부정적인 감정이 어느 정도 해소됩니다. 그리고 비난하는 사람은 경험을 통해 비난을 할 때 상대가 감정이 상했다는 반응이 나올 것을 예상합니다. 그래서 상대가 변명하거나 저항하면 비난자가 성공했다는 것을 확인해 주는 결과가 됩니다. 그런데 비난하는 사람의 마음을 먼저 공감해주면 미안한 마음이 듭니다."

"그렇군요. 그럼 인정은 어떤 효과가 있지요?"

"인정은 비난자의 입을 다물게 하는 최상의 전략입니다. 자신의 실수나 잘못을 인정하면 논쟁거리가 없어지게 됩니다. 그래서 비난으로부터 오는 강화 요소를 제거하는 효과를 내게 되며 비난의 빈도를 줄일 수 있게 됩니다."

"공감과 인정을 한 후에 자기의 마음을 표현하라는 말이군요?"

공감과 인정을 한 후에 자신의 마음을 표현한다.

"네, 상대는 그저 비난했지만 그로 인해 우리가 얼마나 고통스럽게 느꼈는지를 알게 되면 미안한 마음이 듭니다. 이때 상처받은 마음으로 따지거나 공격하기보다는 느낀 점을 그대로 전해야 합니다. 즉 나의 감정을 상대를 비난이나 비평하지 않고 '나─전달법'으로 말해야 합니다. 그리고 비난자의 눈을 똑바로 바라보며 이야기하면 더 좋은 결과를 얻을 수 있습니다. 필요하면 요청이나 부탁을 할 수도 있습니다.

1단계: 먼저 상대의 비난에 공감한다.

2단계: 상대의 비난을 인정한다.

3단계: 나의 마음을 알린다. 감정을 표현하고 필요하면 나의 욕구를 요청한다.

"이렇게 정리할 수 있습니다."

"어려운 대화를 풀어가는 방법에서 배운 내용과 거의 같네요."

"네, 먼저 공감을 한 후에 '나−전달법'으로 자신의 마음을 표현하면 됩니다."

하영이 사례

이때 하영이가 말을 했다.

"강사님. 두 가지 문제에 대한 대처 방법을 알고 싶어요. 하나는 결혼하라는 잔소리이구요. 다른 하나는 학부모들이 막말을 하는 경우입니다. 저는 아직 미혼인데 부모님이나 친척들이 만날 때마다 결혼 언제 할거냐고 물어봐서 너무 괴로워요. 이럴 때 어떻게 하면 좋은지 알려주세요. 그리고 학부모들이 막말을 할 때 어떻게 하면 되는지도요."

하영이는 커터칼에 다친 학생의 부모에 대해 이야기했다.

"네, 그럼 그룹별로 상의해서 대처 방법을 말해보도록 하죠."

비난 : '결혼 언제하느냐?'는 잔소리

그룹 1 : "제가 결혼을 안해서 걱정되시죠.(공감) 저도 잘 몰라 답답해요.(마음표현) 노력은 하는데 잘 안 되네요."

그룹 2 : "제가 결혼을 안 해서 답답하시군요.(공감) 적절한 사람이 잘 안보여서 저도 걱정이에요.(마음표현) 좋은 사람이 있으면 소개시켜주세요."

그룹 3 : "제가 결혼을 안해서 염려되시는군요!(공감) 결혼이 잘 안 되는 이유를 알고 있으면 알려주세요".

비난 : 학부모의 반말과 큰소리로 막말을 할 때

그룹 1 : "자녀가 다쳐서 많이 걱정되시겠네요. 미안합니다.(공감) 학생들이 장난치다 다쳤다고 하네요. 그렇게 큰 소리로 말씀하시니 저도 당황되네요. '야'나 '너'라는 말보다 '선생님'이라고 말해주면 좋겠어요.(마음표현)"

그룹 2 : "자녀가 다치도록 잘 보살피지 못해서 화나셨군요. 미안합니다.(공감) 청소 시간에 학생들끼리 장난치다 다쳤어요. 저는 다른 업무를 처리하느라 못 보았어요. '너, 야'라고 말하시니 마음이 아파요. '담임선생님'이라고 말해주면 존중받는 느낌을 받을 것 같아요.(마음표현)"

그룹 3 : "자녀가 다쳐서 많이 놀라셨군요. 미안합니다.(공감) 학생들끼리 장난치다 커터칼에 베었어요. 보건실에서 응급조치를 했어요. '야', '너'라고 말해서 마음이 아파요. '선생님'이라고 말해주면 좋겠어요.(마음표현)"

"하영씨. 이렇게 대처하면 어떨 것 같나요?"
"속이 후련해지고 당당해질 것 같네요. 감사합니다."
"비난에 공감과 인정으로 대처하고 자기 마음을 표현했다면 마음고생을 덜었을 겁니다. 사례를 얘기해줘서 고맙습니다."

요약

1) 비난 대처 방법
· 자존감 키우기 (「자존감 노트」를 기록한다.)
· 공감과 인정

2) 공감과 인정
· 공감해주면 비난하는 사람의 부정적인 감정이 어느 정도 해소된다.
· 비난하는 사람의 마음을 먼저 공감해주면 미안한 마음이 든다.
· 인정은 비난자의 입을 다물게 하는 최상의 전략이다.
· 실수나 잘못을 인정하면 논쟁거리가 없어지게 된다. 비판으로부터 오는 강화 요소를 제거하는 효과를 내게 되며 비판의 빈도를 줄일 수 있게 된다.

05 감정 달래기

경자엄마와 선희엄마가 화해했다는 소식이 친구들 모임에 퍼졌다. 모두들 반겨하면서 기뻐했다. 그래서 축하도 할 겸 친구들이 함께 맛있는 점심과 커피를 사기로 했다.

친 구 1: "갈등의 골이 꽤 깊었는데 어떻게 해결할 수 있었어?"

선희엄마: "경자엄마가 먼저 화해하자고 해서."

경자엄마: "아니야. 선희엄마가 어떻게든 화해하려고 노력했어."

친 구 1: "그래! 그래도 뭔가 해결 방법이 있었을 거 아냐?"

선희엄마: "「소공성」 교육을 통해서 갈등 해결하는 방법을 배

윘어. 그게 도움이 되었어."

친 구 2: "무슨 교육인데?"

선희엄마: "소통하는 법, 공감 능력 향상, 갈등 해결 그리고 감정 조절 그런 교육인데 실습을 통해서 실질적으로 사용할 수 있도록 해줘."

친 구 3: "좋은 교육인 것 같은데. 너는 혼자만 배우냐?"

선희엄마: "미안해. 그럼 소개시켜 줄게"

경자엄마: "그리고 필요하면 상담도 해주는데, 정말 좋았어."

친 구 4: "그럼 우리 딸에게도 소개해 줘야겠다. 직장에서 사장이 마음에 안 들어서 다른 곳으로 바꾸려고 하고 있어. 봉급이나 조건은 좋은데 사람에게 시달리면 방법이 없잖아."

친구4는 모임을 마치자마자 딸 '정미'에게 전화했다.

"너 요즘 회사생활은 어떠냐?"

"미칠 것 같애. 우리 사장은 인간이 아니야. 직원들이 아픈데 내다보지도 않아. 진짜 냉정한 사람이야."

"힘들겠다. 선희엄마와 경자엄마 알지?"

"응 알아, 왜?"

"두 사람이 오해가 생겨서 서로 안 볼 것처럼 멀어졌는데 무슨 교육인가를 받고 잘 이겨냈다고 하더라."

"무슨 교육?"

"소공성인가 뭐라고 하던데 잘 기억이 안나!"

"소공성이 뭐야?"

"잘 모르겠어. 내가 연락번호를 알아가지고 왔어. 네가 직접 확인해보면 좋겠다."

"알았어요."

전화를 끊고 '정미'는 「소공성」(소통과 공감으로 만드는 성공적인 행복한 인생) 교육에 대해서 알아보았다. 강사 목소리가 부드럽고 친절해서 호감이 갔다. 그리고 교육 내용도 괜찮은 것 같아서 이번 회기부터 교육을 받기로 했다.

다음 날 회사로 간 정미. 마침 팀장이 독감에 걸려 출근을 못했다. 사장은 감기 걸린 팀장을 대신해 정미에게 일을 맡겼다. 온화한 미소를 띠며 부서끼리 잘 협력해보라며 말했다. 그런데 나오는데 뒤에서 비서에게 크게 소리쳤다.

"응급실에 실려 갈 정도 아니면 나한테 독감이란 말 하지 말라 해!"

이 말을 들은 정미는 너무 놀라기도 하고 혼란스러웠다. 앞에서는 온화한 미소를 띠면서 직원들의 아픔에는 몰인정한 모습이 이중적이라 생각되었다. 그리고 독감에 걸려 힘들어하는 팀장을 위로는 해주지 않고 야단을 치는 모습에 너무 불편했다. 자기가 등 돌리고 나서는데 그렇게 말한 이유도 궁금했다. 인격적이지 못한 모습이 간혹 있는데 그때마다 너무 실망스러웠다. 한편으로는 일에 차질이 생겨 걱정이 앞

서다 보니 화를 내는 거라는 생각이 들었다. 문득 전에 일이 생각났다. 직원이 쓰러진 적이 있는데 사장 사무실 앞인데도 나와 보지 않았다. 그리고 CCTV로 보고 있다가 구급대원이 실어 가고 나서야 나왔다. 그리고는 다들 일하러 가라며 지시하는 모습이 너무 충격적이었다. 이번에도 비슷한 상황이라 더 마음이 편하지 않았다.

며칠 후 '정미'는 「소공성」 교육을 받으러 갔다. 그곳에서 선희엄마와 경자엄마를 만나서 인사했다. 아시는 분들이 있어서인지 긴장되고 어색한 마음이 조금 해소되었다.

한 주간 좋았던 일과 안 좋았던 감정을 나누고 난 뒤에 강의가 시작되었다.

"이번 시간에는 감정의 뇌인 편도체에 대해서 알려드리겠습니다. 편도체는 영어로 '아미그달라'(Amygdala)인데 이는 아몬드처럼 생겼다고 해서 붙여진 이름입니다. 감정, 행동, 동기부여, 기억, 후각 등의 여러 가지 기능을 담당하는 뇌인 변연계(limbic system)에 속하는 구조의 일부입니다. 일단 편도체라는 단어를 외우셔야 합니다. 영어로 '아미그달라'라고 말씀드렸죠? 저는 '아미그를 달라'라고 외우니까 기억에 잘 남았습니다. 뭘 달라구요?"

"'아미그달라'요."

"좋습니다. 이제 아미그달라에 대해서 알아보겠습니다."

감정 달래기

"언론인이자 저자인 김상운은 『직장인을 위한 왓칭수업』에서 뇌과학자들에 의하면 '편도체'(Amygdala)가 원시적 뇌이고 5세 유아의 정신연령을 가졌다고 했습니다. 먼저 원시적 뇌라는 말의 의미를 생각해보겠습니다. 원시적 뇌이기 때문에 심리적 위험을 물리적 혹은 육체적 위험으로 받아들입니다. 달리 표현하면 감정의 뇌가 활성화되면 마치 생존에 위협을 받는 것으로 착각하게 된다는 뜻입니다."

"심리적 위험을 물리적, 육체적 위험으로 받아들인다는 뜻을 좀 더 자세히 설명해주세요."

"네, 원시시대로 돌아가 보겠습니다. 먹을 것을 구하는 도중에 왠지 무서운 짐승이 있을 것 같은 불안을 느끼게 됩니다. 이때 이러한 불안을 무시하면 만에 하나 그런 동물을 만나면 죽을 수 있습니다. 즉, 불안은 우리의 생존과 관련이 있었습니다. 그러나 현대에는 불안이 생존과는 관계가 없는 경우가 대부분입니다. 그럼에도 우리는 죽을 것 같은 고통을 느끼고 있습니다. 예를 들어볼게요. 여러분들이 직장에서 해고된다고 하면 잠이 올까요?"

"아니오, 잠이 안 옵니다."

"왜 잠을 못 자게 되나요?"

"미래가 걱정되기 때문이겠지요."

"네, 미래가 걱정되는군요. 그런데 생존에 위협이 될 만큼 걱정이 되는 건 아니지요. 아마도 불편하고 힘든 삶이 예상되겠지요. 그런데 우리가 잠을 못 이루는 것은 '편도체'가 죽을 것 같이 힘들다고 느꼈기 때문이라고 합니다."

"그러면 그러한 착각을 벗어나는 방법이 있나요?"

"네, '회사에서 해고되면 죽나요?'라고 직접 질문을 하면 됩니다. 그러면 '안 죽어. 단지 불편하고 힘들 뿐이야.'라고 대답하겠지요."

"그렇군요. 고통스럽고 화가 나고 걱정이 들 때 '이것 때문에 죽니?'라고 물어보면 되겠네요."

"네. 그래요. 감정의 뇌인 편도체는 5세 아이의 정신연령을 가지고 있다고 했습니다. 어린 아이의 특징이 무엇인가요? 자기중심적이고 무조건적으로 자기만을 알아달라고 하잖아요. 이런 어린아이가 우리를 책임지고 세상에서 살아가려다 보니 상처받고 힘든 거라고 하네요. 어린아이는 어떻게 해야 하나요?"

"달래주고 공감해 주어야겠지요."

"그렇습니다. 편도체를 진정시키기 위해서 이 두 가지 사실을 종합하면 해결 방법이 나옵니다. 지금의 자신(성숙한 어른인 나)이 편도체(원시적인 뇌이자 어린아이처럼 반응하는 나)를 공감해주고 달래주면 됩니다. 나눠드린 유인물 「편도체 달래기 3단계」를 참고하세요."

편도체 달래기 3단계

1단계: 감정이 일어나면 그 감정을 공감한다. 감정은 공감되면 많이 해소되고 격한 감정이 가라앉는다.

2단계: 불편하고 부정적인 감정을 환영한다. 어느 심리학자는 감정은 무의식의 마음의 상태를 의식으로 전달하는 역할을 한다고 했다. 일단 의식의 세계로 전달된 감정은 표현하지 않으면 절대 사라지지 않는다. 무의식이나 잠재의식에 남아서 자기를 알아달라고 보챈다. 그러기 때문에 부정적 감정이 일어나면 그 감정을 환영해주는 절차가 필요하다.

3단계: 신체적이거나 물리적인 위협이 아니라 단지 심리적인 위험이라는 사실을 알려준다. "생존에 위협이 되니?" 하고 말하면서 자신의 편도체에게 물어보면 된다. 말을 하면 밖에서 누군가가 나에게 물어보는 것처럼 생각된다. 그리고 그 질문에 답하면서 객관적인 사실을 알아차리게 된다. 즉 생존에 위협을 느낄 정도가 아니라 힘들고 불편한 정도라는 사실을 깨닫는다.

회사에서 실적이 안 좋다고 상사에게 야단맞았다. 밤에 잠이 오지 않고 계속 마음이 불편하다. 이때 어린아이처럼 괴로워하는 편도체를 달래보자.

"야단맞아 기분이 상했구나."(공감)
"이 일로 불이익을 당할까 봐 알려주러 왔구나. 고마워."(환영)

"단지 불편하고 걱정이 될 뿐이야. '생존과는 관계있니?' '없어. 괜찮아.' 일상에서 있을 수 있는 일을 가지고 너무 상심하지 않아도 돼."(달래기)

감정 달래기 연습

정미는 회사 사장의 몰인정한 태도로 인한 스트레스를 해결 받고 싶었다.

"강사님! 저희 회사 사장님이 아주 몰인정해서 회사가 싫어지고 있어요. 제 문제를 다루어줄 수 있나요?"

"네, 좋아요. 어떤 내용인지 말씀해주세요. 그리고 여러분 잘 알다시피 이 교육에서 나눈 개인적인 사례는 외부에는 알리지 말기 바랍니다. 이 교육의 지침 중에 가장 중요한 내용입니다. 꼭 기억해주시기 바랍니다."

정미는 자신이 며칠 전에 겪은 사건을 이야기했다.

"그래요. 그때 느낀 감정의 세기는 어느 정도인가요? 최악의 경우 가장 기분 나쁘거나 불편할 때를 10이라고 한다면요?"

"7 정도 돼요."

"정말 많이 힘드셨네요. 그러면 빈도는 어느 정도입니까?"

"자주 이런 일이 있어요."

"그러시군요. 그 정도라면 회사에 다니기가 싫을 것 같아요. 기회가 생기면 직장을 바꿀 생각도 하시겠네요."

"맞아요. 조금만 컨디션이 안 좋으면 회사 가고 싶지 않아요. 다른 회사도 알아보고 있어요."

"잘 알겠습니다. 자, 제가 알려 드린 대로 다섯 살짜리 정신 연령인 감정의 뇌를 달래보도록 하겠습니다. 먼저 공감을 해보시겠어요?"

"제가 공감을 어떻게 하는지 몰라요."

"그렇군요. 그러면 사장의 행동에 어떤 감정을 느끼셨나요?"

"놀라고 실망하고 불편합니다."

"그 감정 단어를 사용해서 감정의 뇌에게 말하듯이 말하면 됩니다."

"사장의 몰인정한 태도에 많이 놀라고 실망하고 불편했구나!"

"잘했습니다. 이번에는 그 감정을 환영해주면 됩니다. 감정은 무의식 세계에 있는 마음의 상태를 의식 세계로 전달하는 것이라고 합니다. 그러니까 의식의 세계로 나온 감정을 환영해주어야 해요."

"사장의 행동과 말이 마음에 들지 않아서 나에게 알려주려 왔구나. 고마워."(환영)

"이번에는 달래기를 하면 됩니다. 생존과 관계있냐고 물어보는 게 중요합니다. 철학자 에크하르트 톨레는 '인간은 생각의 감옥에 갇혀 있다.'고 했어요. 생각만 하면 자기합리화로 인해서 정확하게 이해가 안 될 수 있어요. 하지만 말로 질문을 하면 밖에서 누군가가 나에게 물어보는 것처럼 생각됩니다. 그 질문에 답하면서 객관적인 사실을 알아차리게 되지요."

말로 하는 질문이 중요하다.

생각만 하면 자기합리화로 인해 정확한 판단이 어려울 수 있다.

질문을 하면 그 질문에 답하면서 객관적인 사실과 자신의 생각을 알 수 있다.

"제가 감정의 뇌에게 묻고 대답하는 형태로 해보겠습니다."

나 : "이 일로 죽니?"

뇌 : "아니 안 죽어."

나 : "그럼 어떻게 되는데?"

뇌 : "불편하고 싫을 뿐이야."

나 : "너는 참을 수 없니?"

뇌 : "아니, 그 정도는 참을 수 있어."

나 : "회사에서 겪는 일반적인 일이잖아. 너무 힘들어하지 마!"

뇌 : "그래, 알았어. 이 일을 가지고 너무 힘들어하지 않아 도 돼.'"

"'죽니!'하고 직설적인 말을 사용하니 더 실감이 나네요. 이렇게 어린아이인 감정의 뇌를 달래니 기분이 좀 어떠세요?"

"많이 풀리네요. 일상에서 겪는 흔한 일을 너무 심각하게 받아들였구나 하는 생각도 드네요. 고마워요."

"네, 제가 이 내용을 좀 정리해서 도움을 주는 '위로의 말'을 적어서 보내드리겠습니다. 이렇게 부정적 감정이 생겼을 때 이 방법으로 자신의 감정을 달랠 수 있습니다. 이 강의를 듣고 어떤 느낌이 드세요?"

참가자들은 아주 만족스럽고 놀란 반응들을 보여주었다.

- "상대가 화를 내거나 비난해도 그 사람이 아니라 그 사람의 다섯 살짜리 어린아이가 반응한다는 사실을 알게 되었어요. 비난 받아도 견뎌낼 수 있을 것 같아요."
- "부정적 감정이 일어날 때, 잘 달랠 수 있을 것 같아요."
- "감정대립은 상대와 나의 갈등이 아니라 어린아이와의 대립이라고 하는 데 공감이 되었어요. 그래서 아주 괜찮은 분인데 감정이 올라오면 어린아이처럼 행동하고 말하는 게 이해되네요."
- "기분이 나빠지면 머릿속의 어린아이를 달래줘야겠어요."

"네, 수고하셨습니다. 다음 시간에는 거절의 지혜에 대해서 다룰 예정입니다. 아시는 분들에게 홍보하셔서 필요한 분들이 함께 교육받으면 좋겠습니다."

교육을 받던 나팀장은 순간 자기 부서에 새로 들어온 '김진호'씨가 생각났다. 그는 모든 일에 열심을 내고 헌신적으로 일해서 나팀장이 좋아하는 직원이다. 그런데 거절을 할 줄 몰라 언제나 피해를 입고 있는 게 흠이라면 흠이었다.

위로의 말

강사는 정미의 사례에 대해서 위로의 말을 적어서 참가자들에게 문자로 보내주었다.

세상 사람들이 모두 인격적이고 따뜻한 마음의 소유자였으면 좋을까? 특히 사회의 지도자와 사장(Owner)들이. 하지만 사람들은 본능적으로 자신의 생존에 집착하는 편도체에 끌려다닌다. 세상에 그렇지 않은 사람은 거의 없다. 그러니 너무 실망하거나 불편해 하지 말자. 어디에서나 다 마찬가지잖아. 그러니 괜찮다.

사장도 직원들이 아픈 것보다 회사 일이 더 우선시하는 편도체의 이기적 본능에 의해 움직인다. 이런 사장이 싫고 그 행동이 두려워진다. 하지만 사실은 사장이 나쁜 건 아니다. 그의 다섯 살짜리 편도체가 문제이다. 이러한 사실을 알고 나니 그렇게 혐오감이 생기지 않는다. 그래서 이 회사에서 평온한 마음으로 지낼 수 있다. 앞으로도 이런 일들이 자주 일어나겠지만 견딜 수 있다. 나는 괜찮다.

일만 우선시하는 사장도 그 마음이 편안할까? 아마도 그렇지 않을 것이다. 병에 안 걸리는 인간이 어디 있나! 그러니까 직원들이 아파서 일 못하는 일도 회사 일의 한 부분이다. 그런데 그것을 수용 못하는 사장의 마음은 얼마나 화가 나고 힘들까? 사장도 힘들다. 그러니 내가 가슴 졸이며, 불쾌해하며 닫힌 마음으로 회사에 다닌다면 나에게도 득이 될 리 없다.

그러고 보니 사장이 바로 나를 비춰보는 거울일 수 있다. 사장은 자기 입장에서 돈이 우선이고 나는 내 입장에서 직원의 아픔이 우선이다. 사장은 어찌 보면 나의 마음속에 있는 숨겨진 내 생각을 알게 해주었을 수 있다. 이제는 나도 좀 더 객관적으로 사장을 바라보고 내 일을 할 수 있다. 이렇게 생각하니 마음이 괜찮아진다.

불합리한 현실을 그저 수용하자는 것이 아니다. 잘못된 현실 속에서 다치고 뭉개진 나의 마음을 먼저 돌보고 치유하는 것이다. 나의 숨겨진 아픔을 만나야 치유할 수 있다. 그래서 회사에 다니면서 불편하고 걱정되는 일도 괜찮다. 왜냐하면 나를 위한 감정이고 잘 해석하면 나를 치유하기 위해서 생겨난 감정이다. 오히려 감사하다.

정미는 답문을 보냈다.

"우와~ 위로는 이렇게 하는 거군요!"

다른 참가자 한분도 답문을 보냈다.

"저는 다른 상황으로 정미님과 비슷한 입장인데 제가 위로를 받았네요. 사례를 나눠주신 정미님께 감사드리고 저까지 치유해주신 강사님께도 감사드립니다!"

요약

1) 감정 달래기

- 두뇌 과학자들에 의하면 편도체(Amygdala)는 원시적 뇌이다. 일단 활성화가 되면 심리적으로 위험한 상태와 신체적, 물리적 위험을 구분하지 못한다. 마치 생존에 위협을 받는 것으로 착각하게 된다. 그래서 단지 불편하고 힘들기보다는 본능적으로 생명이 위태로운 것처럼 행동하게 된다.
- 편도체는 5세 유아의 정신연령을 가졌다고 한다. 그래서 외부의 자극에 대해 자기중심적이고 어린아이처럼 반응한다.

2) 감정 달래기 연습

- 지금의 자신(성숙한 어른인 나)이 편도체(어린아이처럼 반응하는 감정의 뇌)를 공감해주고 달래주면 된다.
- 1단계: 공감
- 2단계: 환영
- 3단계: 달래주기

5부

자존감 회복을 위한 여정

01 '예스맨'이 '당당맨'으로

　'김진호'는 오랫동안 취업준비생으로 있으면서 마음고생을 많이 했다. 나름 열심히 했는데도 취업이 되지 않았다. 대학을 졸업하고도 백수로 지내야 하는 처지가 처량하기도 하고 자꾸 위축되었다. 누군가가 "취업과 경력은 많을수록 좋고 나이는 적을수록 좋다"고 했다. 그런 말을 듣고 나서는 한 살 한 살 나이가 들어가는데도 취직이 안 되니 더 초조해졌다. 마음이 쪼그라들어서인지 별거 아닌 일로도 서러워졌다. 그러던 중 나팀장(강모)이 있는 회사에 취직이 되었다. 너무 기뻐서 회사 일에 최선을 다해서 성실하게 열심히 일했다. 그런데 '김진호'는 거절을 하지 못하는 게 흠이다. 거절을 하면 상대가 자기를 싫어할까 걱정되고 관계가 나빠질까 두려웠다. 그런데다 힘들게 취직을 해서인지 상사가 시키는 일은 마다하지 않고 열심히 일했다. 거절을 하지 못해 자기가 하지 않아도 되는 일도 다 들어주었다. 처음에는 칭찬도 들었고 고맙다는 말도 들었다. 그런데 같이 일하는 직원들은 날이 갈수록 당연한 일처럼 여기기 시작했다. 그리고 요청하는 양과 횟수가 많아져 갔다. 점점 일이 힘에 부치기 시작하면서 불평과 원망이 나오기 시작했다. 한편으론 거절하지 못하는 자신이 호구같이 생각되어 미워지기도 했다.

어느 날 나팀장이 조용히 면담을 하자고 했다.

"김진호씨 요즘 회사생활은 좀 어때요?"

"좋습니다. 일도 마음에 들고요"

"그래요. 좋네요. 그런데 직원들이 진호씨에게 너무 많이 부탁을 하는 것 같던데요."

"아, 네… 많은 건 아니구요. 제가 도울 수 있으니까 해야지요."

"거의 매일 야근을 하고 주말에도 쉬지도 못하는거 아녜요?"

"항상 그런 건 아니구요. 바쁠 때가 있네요."

"아니야. 내가 보니 거절을 잘 못해서 마음고생이 많은 것 같아요."

"그렇게 힘들지 않아요. 아직 사회 초년생인데, 많이 배워야 한다는 자세로 일하고 있어요."

"그런 자세는 좋지만 문제는 너무 무리가 되지 않았으면 해서요."

"이해해주셔서 고맙습니다. 무리가 될 때는 요청을 안 해줬으면 하는 마음도 조금은 있어요."

"그렇군요. 거절은 어려운 것 같아요. 그리고 내가 보자고 한 것은 좋은 교육을 소개하려고 해서요."

"교육이요?"

"소통하고 인간관계를 잘 맺는 교육인데 다음 회기부터 '거절의 지혜'에 대해서 교육을 한다고 해서. 진호씨만 괜찮으면 함께 교육을 받으면 어떨까요?"

"그래요? 저도 그런 주제라면 듣고 싶어요."

"잘 되었네. 다음 주에 나랑 함께 참여해요."

김진호는 자신을 배려해주는 나팀장이 고마웠다. 그리고 자신이 힘들어하는 거절의 지혜에 대해서 알려준다니 기대되었다.

다음 주, 김진호는 나팀장과 함께 교육에 참여했다.

"오늘 새로 교육에 참여하신 분이 계시네요. 환영합니다. 자기소개 부탁드립니다."

"반갑습니다. 저는 김진호라고 합니다. 직장에 다니는 회사원입니다. '거절의 지혜'를 배우기 위해 참석했습니다."

"잘 오셨습니다. 이 모임에서 호칭은 '별칭'으로 합니다. 자기에게 의미 있는 별칭을 지어서 소개하고 있어요. 진호씨도 별칭을 생각해보세요."

"네, 저도 소개받는 분에게 들었습니다. 저는 '노잘남'으로 하겠습니다. 첫 글자 '노'는 거절의 영어 발음인 '노'(No)를 뜻합니다. 그리고 거절을 잘하는 남자라는 뜻의 '잘남'이라 했습니다. 저는 거절을 못해서 손해를 많이 보거든요. 그래서 거절을 잘하는 남자가 되고 싶습니다."

"좋아요. 노잘남씨. 별칭이 의미가 있어 좋습니다."

거절의 심리적 부담감

"남의 부탁을 거절하는 것은 말하기는 쉬울지 모르겠지만 실천하기는 정말 어렵습니다. '아니오.'라고 말하기가 매우 부자연스럽고 심리적 부담감이 크기 때문입니다. 그래서 다양한 심리적인 부분을 이해해야 합니다. 그리고 유연하면서도 단호한 거절의 기술을 배우지 않으면 힘든 일이 되고 맙니다. 거절이 왜 부담스러운지 말씀해주시겠어요?"

그러자 참가자들이 거절이 왜 힘들고 부담되는지를 말했다.

- "제 경우에는 관계가 나빠질까 불안, 걱정 같은 부정적 감정이 생기기 때문에 어렵습니다."
- "상대가 느낄 거절의 심리적 부담감 때문입니다. 저는 거

절당하는 고통이 죽을 것 같이 공포스럽고 두려워요. 그래서 다른 사람도 그런 감정을 느낄 것이라 생각돼서요."

- "상대가 상처 받을 것 같아 미안해서요."
- "내가 착한 사람이 되기 위해서요. 학교에서 남을 배려하고 희생하는 것이 미덕이라고 배웠잖아요."

"감사합니다. 그 외에도 상호 호혜의 원칙에 의해 상대에게 받은 배려를 고려해서 거절을 못하는 경우도 있습니다. 먼저 거절하면 관계가 나빠질까 걱정이 되는 경우를 살펴보겠습니다. 결론은 "거절이 관계를 더 깊고 진실 되게 한다." 입니다."

"그래요? 일반적으로 생각하는 내용과 다르네요."

"거절을 못할 때 일어나는 심리와 감정에 대해서 생각해보면 쉽게 알 수 있습니다. 보통은 "아니오."라고 말하지 못한 자신이 못마땅해서 '자책'하게 됩니다."

"그런 것 같아요. 거절을 못해서 억지로 상대의 부탁을 들어주면, 나중에 '후회'하면서 '자책'하게 되는 것 같아요."

"다음으로 자신의 삶을 주장하지 못한 '좌절감'도 맛볼 것입니다. 간혹 피하기 위해 거짓말로 핑계를 대거나 변명을 늘어놓았으면 '죄책감'도 느낄 수 있습니다. 그리고 자신의 희생이나 마음을 몰라주는 상대에게 '짜증과 원망'도 생기게 됩니다. 그러면 상대방은 어떨 것 같나요?"

"항상 요청을 들어주었기 때문에 경계선을 잘 모를 수 있겠네요. 어떤 때는 괜찮다가도 또 어떤 경우에는 표정이 안 좋아서 혼란스러울 것 같아요."

"네, 그렇습니다. 자책, 좌절감, 죄책감, 짜증, 원망 같은 부정적인 감정이 생기면 스스로 자존감도 낮아지고 상대에 대해서도 안 좋은 감정이 생기게 됩니다. 상대도 혼란스러워서 힘든 경우가 생기게 됩니다. 이런 감정이 생기면 시간이 지날수록 관계는 나빠질 확률이 높습니다."

"거절을 못하면 당장은 좋아 보이지만 길게 보면 관계 유지는 힘들겠네요. 그렇다면 적절하게 거절을 하는 게 더 좋아지겠네요."

거절을 못하면 부정적인 감정으로 상대에게 안 좋은 감정이 생기게 된다. 그리고 상대는 혼란스러워한다. 그래서 시간이 갈수록 관계는 나빠질 확률이 높다.

"네. 거절을 잘 하지 못하면 관계는 점점 나빠집니다. 그 다음 심리적 부담감을 살펴보겠습니다. '거절하면 상대가 상처를 입는다. 상대의 심리적 부담감에 대한 배려로 거절을 못한다.' 나름 일리가 있습니다. 그런데 거절을 해야만 할 상황이 문제가 되곤 합니다. 이럴 경우에는 상대의 심리적 부담감을 먼저 배려한 후에 거절하면 좋습니다. 어떻게 배려하면 될까요?"

"공감을 해주면 되나요?"

"맞습니다. 먼저 공감을 해주면 됩니다. 가끔 거절 근육 단련 워크숍을 합니다. 세 가지 방법으로 거절을 해보라고 합니다. 첫 번째는 이유를 대면서 거절하기. 두 번째는 단호하게 거절하기. 세 번째는 공감 후 거절하기입니다. 두 사람씩 마주 보게 한 다음 서로의 눈을 바라보면서 거절을 해보라고 합니다. 결과가 어떨 것 같나요?

"이유를 대면 변명하거나 핑계를 댄다고 생각할 것 같아요. 그리고 단호하게 거절만 하면 차가운 사람이라는 생각이 들면서 기분이 상하게 될 것 같구요. 공감을 한 후에 거절하면 자기 마음을 이해하는 것 같겠네요."

"네, 잘 말씀해주셨습니다."

거절을 할 때는 상대의 심리적 부담감을 배려해서 공감의 표현을 먼저 한다.

독립성과 존재가치를 알리는 과정

"네. 지금까지 거절의 심리적 부담감에 대해 이야기했습니다. 거절은 우리 자신이 선택할 자유를 가진 독립된 인격체라는 사실과 존재가치를 알리는 과정입니다. 상대를 통제하려거나 변화시키려는 의도가 아닙니다. 단지 자신의 존재방식을 알리는 정보전달 과정입니다. 그래서 남의 부탁을 거절하는 행동이나 말은 나쁜 일이 아닙니다."

거절은 자신의 독립성과 존재가치를 알리는 과정이다.

"또한 거절은 자기 자신과 시간을 보호하려는 시도입니다. 우리는 상대의 요청을 다 들어줄 수 없습니다. 승낙하기 싫거나 해서는 안 되는 부탁을 들어주게 되면 우리는 많은 부분을 잃을 수 있습니다."

진호는 갑자기 자기 이야기를 하는 것 같아 강사의 말에 동의했다.

"맞습니다. 제가 직장에서 거절을 잘 못해 거의 매일 혼자 남아서 일하곤 합니다. 제 시간도 소모하구요. 거절 못한 자신에 대해 후회하면서 자책하곤 합니다."

"노잘남씨 실제 이야기를 해주셔서 도움이 되었습니다. 감사합니다. 한 가지 알아 두어야 하는 사실이 있습니다. 우리가 상대의 요구를 잘 들어준다고 해서 결코 사람들의 호감을 얻는 것은 아닙니다. 우리가 승낙해주면 상대방은 그때 당시에는 마음이 흡족하여 고맙게 생각할 수 있습니다. 하지만 그들은 우리가 그들에게 베풀어준 호의를 쉽게 잊어버릴 수 있습니다. 그리고 시간이 지날수록 우리의 승낙을 당연한 일로 여기게 되어 다음에도 끊임없이 부탁과 요청을 할 것입니다."

"상대가 당연하게 생각하고 계속 요청을 해온다고 생각하니 짜증나고 괴롭네요."

거절은 자기 자신과 시간을 보호하려는 시도이다.

거절하는 방법

"거절할 때는 올바른 방법을 사용해야 합니다. 첫째로 이유를 말하지 말고 당당하게 말해도 됩니다. 거절은 어쩔 수 없는 상황으로 내린 결정이 아니라 스스로 결정한 선택입니다. 그래서 "아니오"라고 말하는 사람은 거절할 때 꼭 그 이유를 말하지 않아도 됩니다."

"그렇지만 필요한 설명을 해야 하는 상황도 있잖아요. 상대의 오해를 없애고 충분히 이해시켜야 할 경우에요."

"그럴 경우가 있습니다. 그때는 거절의 이유를 말해주면 됩니다. 예를 들어볼게요."

요청자: "책 좀 빌려줄래?"

거절자: "책이 필요하구나. 미안해. 책은 안 빌려주기로 했어."

요청자: "왜 안 빌려주는데?"

거절자: "그렇게 하기로 했어." 질문에 답하기보다는 결정의 중요성을 알린다.

"여기까지만 해도 되는데, 상대가 서운해하거나, 좀 더 설명이 필요한 경우에는 부가 설명을 해주면 됩니다."

요청자: "책이 뭐 그리 대단한 거라고." 혹은 "그 이유가 궁금해."

거절자: "안 빌려주기로 해서 서운했구나.(공감) 미안해. 책을 빌려주고 제 때에 돌려받지 못한 적도 있고 낙서가 된 적도 있었어. 이로 인해 오해가 생기고 관계가 나빠질 수 있어서 그렇게 결정했어."

요청자: "그렇구나. 잘 알았어."

"둘째, 거절할 때는 상대방의 부탁을 들어 줄 수 없다는 내용만 전달해야 합니다. 요청에 대해 평가를 하거나 상대를 책잡아 비난하면 달리 해석하여 오해할 수 있습니다. 예를 들어볼게요. 상대를 비난하는 경우와 요청내용을 비난하는 경우입니다."

상대를 비난하는 경우

요청자: "책 좀 빌려줄래?"

거절자: "너는 항상 빌려 달라고만 하니?"(상대를 비난)

요청자: "내가 언제 항상 빌렸냐?"

거절자: "몇 달 전에 강의 필기노트도 빌렸잖아."

요청자: "빌려주기 싫으면 관둬! 치사하게."

요청 내용을 평가하는 경우

요청자: "책 좀 빌려줄래?"

거절자: "어떻게 책처럼 중요한 물건을 빌려 달라고 하니?"

　　　　(요청 내용을 평가)

요청자: "책이 얼마 한다고 중요하다고 하냐?"

거절자: "그러는 너는 왜 그까짓 책도 없어?"(논쟁이 시작된다 .)

요청자: "없을 수도 있지! 너는 모든 것 다 가지고 있냐?"

"이런 식으로 다툼과 갈등으로 이어질 가능성이 있습니다. 그래서 상대는 기분이 상해서 방어적이거나 공격적이 될 수 있습니다. 셋째, 필요하다면 '네'라고 말했더라도 다시 '아니오'라고 말해도 좋습니다. 혹시 그 이유가 무엇인지 말해보시겠어요?"

- "상황이 변할 수 있어요. 자신이 한 말을 항상 지켜야 할 의무는 없는 것 같아요."
- "언제든지 실수로 내린 승낙은 철회할 권리가 있습니다."
- "상황이나 자신의 마음이 변하면 새롭게 선택할 자유가 있습니다."

"정말 잘 말씀해주셨습니다."

거절 근육 단련시키기

"거절 근육을 단련시키는 방법에 대해서 알려드릴게요. 먼저 아셔야 할 내용은 '거절은 저절로 잘 할 수 없다'라는 것과, '연습을 통해서 이루어질 수 있다.' 라는 거예요."

"거절하려면 심리적으로 많은 저항감과 불편함을 느끼게 때문인가요?"

"네, 그래요. 그리고 잘 사용하지 않아 낯설고 어색할 수 있어서 연습이 필요합니다."

"거절은 선천적으로 가지고 있는 능력이 아니어서 저절로 잘 할 수 없겠네요."

"네, 연습을 통해서만 이루어질 수 있습니다. 익숙해지면 상세한 설명이나 이유, 변명을 하지 않고도 "아니요."라고 말하는 데 어느 정도 거부감을 이겨낼 수 있게 됩니다."

"적절하고 표준화된 거절 방법은 외워서라도 해야겠네요."

"네. 거절을 잘하는 사람들은 끊임없이 결심하고 많이 노력한 결과입니다. 어느 정도 거절을 하기 시작하면 "아니요." 라고 말하는 게 기대되고 더 잘 말할 수 있게 된다고도 하네요. 아마도 그러면 점점 더 성공할 확률도 높아지게 되겠지요."

거절은 연습을 통해서 잘 할 수 있게 된다. 적절하고 표준화된 거절 방법은 외워서라도 연습해야 한다.

진호는 어떻게든 연습해서 거절을 잘 하고 싶었다. 그런데 성격 탓인지 아니면 무슨 문제가 있는지 거절은 여전히 쉽지 않았다. 그래서 질문했다.

"이론적으로는 알겠는데요, 거절을 하려고 하면 너무 힘들고 어려워요. 이런 경우는 어떤 방법이 있을까요?"

"깊은 상처가 있거나 기질상 거절이 어려우신 분들이 있습니다. 이런 분들은 상담을 권해드립니다. 제가 상담한 예입니다. 아버지가 알코올 중독자였어요. 어릴 때부터 아들에게 심부름을 시켰습니다. 그 아들이 자라면서 아버지보다 덩치도 커지고 힘이 생겨 술심부름을 거절했습니다. 그러자 아버지가 엄마를 때리면서 술심부름을 시켰어요. 이 모습을 본 아들은 엄마를 지키기 위해 술심부름을 하곤 했습니다. 이후로는 거절을 하려 하면 엄마의 매 맞는 모습이 보여서 어렵다고 했습니다. 이런 경우는 상담을 받아서 마음의 상처가 치유되고 나면 거절을 할 수 있습니다. 그리고 기질상 어려우신 분은 상담사와 함께 안전한 환경에서 연습을 하면 거절의 두려움을 극복할 수 있습니다."

"그렇군요."

"두 번째로는 거절 연습을 할 때 마음 자세입니다. 거절을 잘 할 수 있는지의 여부보다는 내가 거절할 수 있다는 신념과 자신감이 더 중요합니다. 버저 비터(buzzer beater)와 관련해서 유명한 농구선수가 한 말이 있어요. "자신감이 가장 중요합니다. 자신감이 없는 선수는 그 순간에 슛을 쏠 수도 없고 슛을 쏜다고 해도 성공하지 못합니다." 이처럼 연습을 할 때 먼저 '나는 거절을 자유롭게 스스로 선택할 수 있어.'라는 자신감을 가져야 합니다. 스스로 선택할 수 있다고 느낄 때 마음이 편안하고 삶이 여유롭고 자유로워집니다. 그리고 연습을 통해 자신의 능력을 잘 발휘할 수 있습니다.

거절을 잘 할 수 있는지의 여부보다는 내가 거절할 수 있다는 신념과 자신감이 더 중요하다.

"혹시 거절하기가 어려울 때 다른 방법이 있을까요?"

"거절은 확실하게 하되 다른 대안을 제시해주는 방법이 있습니다. 지아장의 『거절 당하기 연습』에 나오는 이야기입니다. 저자는 코스트코(Costco)에서 그 매장의 뛰어난 서비스를 방송하고 싶다고 요청했습니다. 지점장은 규정상 불가능하다며 거절했습니다. 그리고 갑자기 '배고프지 않냐'고 물어보면서 푸드 코트에 가서 저녁을 대접하겠다고 했습니다. 그곳 매장 관계자에게 '이분이 주문하는 대로 다 드리세요.'라고 하면서 고객만족을 위한 서비스라고 했습니다. 이처럼 상대를 존중해 주면서 다른 대안을 제시하면 좋습니다."

끊임없이 부탁과 요청을 받을 경우

"거절하지 못하면 끊임없이 부탁과 요청을 받게 됩니다. 이런 경우 거절을 지혜롭게 잘 할 수 있는 방법이 있나요?"

"네, 있습니다. 자신의 우선순위와 원칙을 세워두는 방법이 있습니다. 언젠가 동사무소에 가서 복사기를 좀 사용하자고 했어요. 그곳 사무직원이 복사기 사용은 안 된다고 했어요. 그래서 우리가 낸 세금으로 복사기도 마련된 것인데 왜안 되냐고 물었어요. 그러자 그분이 여기를 읽어보세요. 그러면서 벽에 붙어있는 규정을 보여주었습니다. 거기에는 '이복사기는 사무실용입니다. 민원인은 사용할 수 없습니다.'라고 적혀 있었습니다. 저는 두말없이 알겠다고 하고 포기했습니다."

"그럼 누군가가 요청을 할 때, '저는 이런 원칙이 있어요.' 혹은 '우선순위가 있어서 안 됩니다.'라고 하면 되겠네요."

우선순위와 원칙을 세워두면 거절하는 데 도움이 된다.

"그래요. 다음으로는 '필요한 일'과 '원하는 일'을 분류해 둡니다. 우리의 삶 속에서 승낙과 거절은 둘 다 중요합니다. 그런데 둘 중 하나를 선택해야만 하는 상황에서는 '필요한 일'에 비중을 두면 더 나은 결정을 할 수 있습니다."

"요청이 있을 때 다른 '필요한 일'이 있으면 거절하는 방법이네요. 유용하게 사용할 수 있겠네요."

어려운 거절 쉽게 하기

"거절이 어렵게 생각되면 지금까지 설명했던 내용들을 떠올리며 생각의 관점을 변화시키면 좋습니다. 영어로 '불가능'이란 단어는 impossible입니다. 여기서 한 글자만 띄어쓰기를 바꾸면 I'm possible.(나는 가능하다.)라는 긍정적인 말이 됩니다. 전혀 반대인 의미로 변합니다. 이처럼 어렵게 느껴지는 생각도 관점을 바꾸면 쉽게 바뀌게 됩니다."

"관점의 변화를 통해서 거절하는 것을 좀 더 쉽게 만드는 방법이네요. 기대가 됩니다."

"그러면 이제부터 여러분이 생각하는 거절의 어려움에 대해서 말씀해보세요. 그리고 참자가 분 중에서 그 생각을 바꾸는 생각을 제시하도록 하겠습니다. 누가 먼저 해보시겠어요? (거절을 어렵게 하는 생각:Q, 쉽게 하는 생각:A)

Q1 : "'거절을 하면 상대가 상처를 입을 거야.'라는 생각이 들어서 거절이 어려워요."

A : "'상대가 거절의 두려움을 느끼는 것을 배려해서 먼저 공감을 해야지.'라고 하면 어때요?"

"좋습니다. 한 가지 생각을 더 덧붙이면 좋겠어요."

A : "아하. '상대에게 상처를 주는 게 아니라 나의 의견을 알리는 일일 뿐이야.'라는 말인가요?"

"잘 했습니다. 다음 질문. "

Q2 : "'거절을 하면 관계가 나빠질 거야.'라는 생각은 어떻게 바꾸면 될까요?"
A : "당장은 나쁜 것처럼 보이겠지만 나중에는 좋아질 거야. 거절하지 못하면 생기는 많은 부정적인 감정으로 관계는 나빠진다고 했잖아. 그러니까 더 좋은 관계와 진실한 관계를 원하니까 적절하게 거절을 해야겠어."

"좋습니다. 다음 질문. "

Q3 : "'거절하면 기분이 좋지 않아. 뭔가 찜찜해.'라는 생각이 들면 어떻게 하면 될까요?"

"기분이 안 좋다고 했는데 어떤 감정들인지 확실하게 확인하면 좋습니다."

Q3 : "관계에 대한 걱정과 두려움. 그리고 상대에게 미안한 마음인 것 같네요."

"본능적으로 일어나는 부정적인 감정들은 어쩔 수 없습니다. 이러한 감정을 없앨 수는 없어요. 그런데 앞의 질문처럼 생각의 전환을 하면 많이 해소될 수 있습니다. 오히려 거절을 하면 독립성을 확인하고 선택할 수 있는 자유가 있다고 생각되겠지요. 그로 인해 뿌듯하고 자랑스럽게 느껴지게 될 수도 있습니다. 이 말을 정리해서 말씀해보실 분 있나요?"

A : "제가 한 번 해 볼게요. '누구나 거절을 기분 좋게 할 수 없어. 그러나 합리적인 생각으로 해소할 수는 있어. 오히려 거절하고 나면 자신이 자랑스럽고 뿌듯할 거야.'"

"질문하신 분! 이 말을 들으니 느낌이 어떠세요?"

Q3 : "좋아요. 필요할 때는 거절할 수 있겠다는 생각이 들어요."

Q4 : "'거절을 하려면 상대가 인정할 수 있는 이유를 알려줘야 해.'라는 생각이 들 때는요?"

A : "'거절은 내가 선택하는 나의 권리야. 이유를 말하지 않고도 상냥하고도 정중하게 거절할 수 있어. 오해가 생기거나 상대가 필요할 경우에는 설명해 줄 수 있어.'라고 하면 될 것 같아요."

"지금까지 거절에 대해서 설명했습니다. 거절을 하면 상대를 더 아프게 하고 고통당하게 하는 건가요?"

"아니요."

"그러면 관계가 더 나빠지게 되나요?"

"아니요."

"내가 착한 사람이 되지 못하는 건가요?"

"아니요."

"그러면 여러분은 거절할 상황이 오면 어떻게 하실 겁니까?"

"거절하겠습니다."

"좋습니다. 많이 연습해서 거절을 잘 할 수 있게 되기를 바랍니다."

진호는 정말 많이 깨달았다. 교육을 소개해준 나팀장에게 진심으로 감사하다고 전했다. 마치고 나오면서 강사에게 상담을 요청했다. 처음이라 어느 정도 연습이 필요하다고 생각해서였다.

거절 실천하기

진호는 상담을 통해 거절 연습을 했다. 회사에서 자기에게 당연하게 부탁을 하는 예로부터 연습을 했다. 상대를 존중하면서 당당하게 말하는 방법을 연습했다. 이렇게 상담과 연습이 계속되자 조금씩 자신감도 생기게 되었다. 나름 충분히 연습하고 난 후 회사에서 필요할 때 '거절'을 하리라고 마음먹게 되었다. 평소에 자신을 '쉬운 사람'으로 여기던 이혜정 씨가 예전과 같이 부탁을 했다.

"진호씨, 제가 급한 일이 있어서 퇴근해야 해요. 이 서류작성 도와주세요."

"서류작성을 마쳐야 하는데 도움이 필요하시군요. 미안해요.(공감) 오늘은 제 일이 있어서 저도 할 수 없네요.(거절, 자신의 의사를 표현)"

순간 이혜정씨는 너무 놀랐다. 그리고 자기 귀를 의심했다.

"아니 진호씨! …"

"네, 무슨 더 할 말이 있나요?"

"아니요. 알았어요."

진호는 거절하면서 긴장돼서 등에 땀이 날 지경이었다. 가슴은 쿵쾅거리고 호흡은 빨라지고 마치 롤러코스터를 탄 기분이었다. 그런데 거절의 말을 듣고 상대가 움찔하는 모습을 보이자 놀랍게도 마음이 가라앉기 시작했다. 놀라면서 말을 더듬거릴 때는 자신감도 생기는 것을 느낄 수 있었다. 그래서 연습한 대로 당당하게 말을 할 수 있었다. 처음 거절을 하고 난 뒤 진호는 날아갈 것 같았다. 조용히 사무실에서 나와 뒷마당에 가서 펄쩍펄쩍 뛰면서 소리쳤다.

"나도 할 수 있어."

어느 날 퇴근하기 2시간 전 상사인 권대리가 문자로 5시경에 거래처에 함께 가자고 했다. 진호는 퇴근 후 약속이 있어서 고민되었다. 그래서 급히 강사에게 이럴 경우에는 어떻게 하면 좋은지 물어보았다. 강사는 공감을 먼저하고 퇴근 후에 약속이 있다고 말하는 게 좋겠다고 했다. 진호는 권대리에게 문자를 보냈다.

"권대리님! 5시에 거래처에 제가 함께 동행하기를 바라시는군요. 잘 알겠습니다. 그리고 제가 오늘 퇴근 후에 약속이 있어요. 그 거래처와의 업무가 퇴근 전에 끝나면 좋겠어요."

이 문자를 받고 권대리는 기분이 확 상했다. 상대의 마음을 헤아려보기도 전에 다시 답문을 보냈다.

"진호씨! 내가 데이트하자는 것도 아니고 회사업무 같이 보자고 한 거잖아요. 회사업무보다 개인적인 약속을 더 중요시하게 여기는 게 마음에 안 들어요."

이런 문자를 받고 보니 오해를 불러일으킨 것 같아 걱정되었다. 다시 강사에게 전화를 했다. 강사는 어려운 대화 상황에서는 충분한 공감이 중요하다고 했다. 그러면서 강사기 공감의 말을 문자로 보내주었다.

"권대리님! 회사업무를 건성으로 여긴다 생각되어 불쾌하셨네요.(공감) 미안합니다. 선약이 있어 양해를 구하고자 물어본 것입니다. 5시에 준비하고 있겠습니다.(자신의 마음표현)"

그런데 이번에는 아무런 답문도 오지 않았다. 진호는 권대리가 오해했다고 걱정되기도 했고 무시한다는 생각이 들어 기분이 나빴다.

잠시 후에 다른 부서 김대리가 권대리를 찾아왔다. 그리고 권대리에게 물었다. "오늘 거래처와 미팅있어?" 권대리는 "어! 오늘 미팅 '잠깐'있어."라고 말했다. 진호는 권대리가 '잠깐'이라는 말을 되게 강하게 강조한다는 느낌을 받았다.

진호는 미팅 가기 전에 권대리에게 다시 한번 기분이 나빴다면 양해해달라고 말했다. 그리고 선약이 얼마나 중요한가를 말했다. 다행히 권대리와 거래처 방문한 건은 잘 진행되었다. 그리고 다행히 퇴근시간 전에 마쳤다.

나중에 강사에게 말하니까 그때 일어난 감정을 적어서 보내면 필요한 '코칭'을 해주겠다고 했다. 강사에게 코칭 문자를 받았다.

'노잘남씨. 감정표현을 정말 잘 정리했네요. 다음은 제가 정리해 본 내용입니다.'

감정

- 나의 사정을 말했는데, 회사업무를 우선시하지 않는다고 오해해서 어이가 없었다.
- 답장이 없어 무시당했다고 생각돼서 기분이 상했다.
- 이 일로 인해 나쁜 인상을 주었을까 걱정된다.

착각과 사실

- 내가 회사업무를 건성으로 생각한다고 상사가 문자를 보냈다.
- 그가 나를 오해했다고 생각한 것은 사실인가 나의 생각인가?
- 나의 추측일 뿐이다.

다른 관점으로 본 상사의 생각

- 내가 질문한 사실을 알고 있었지만, 미팅의 중요성에 압도되어 순간적으로 기분이 나빠졌을 수 있다.
- 자기 말에 토를 다는 직원의 의견을 수용하기가 어려웠을 수 있다.
- 회사업무가 우선시 되어야 한다.

이 일로 인해 좋은 점

- 상사는 앞으로 퇴근 시간 전에는 업무가 생기지 않도록 조정하게 될 것이다.
- 오해는 있었지만 앞으로 요청을 할 때는 먼저 나의 사정을 확인할 것이다.

이 문자를 받고 진호는 걱정이 많이 수그러들었다. 그리고 자신의 업무에 어느 정도 경계선을 세우고 거절을 할 수 있는 사람이 되어가고 있음을 느꼈다.

이혜정씨와 권대리뿐 아니라 직원들은 예상외로 당당하게 변해가는 진호를 느낄 수 있었다. 진호는 자기가 자유롭게 거절할 수 있게 되자 자존감이 올라가기 시작했다. 그리고 필요할 때 상대를 도와주면 예전과 다르게 고마워하는 모습에 기쁘기도 했다. 이제는 요청을 무조건 들어주는 '예스맨'에서 '당당맨'으로 바뀌기 시작했다.

요약

1) 거절의 심리적 부담감
   - 관계 지속을 위해서 스스로 느끼는 불안, 걱정, 두려움 같은 부정적 감정
   - 상대가 느낄 수 있는 심리적 부담감과 상처 배려
   - 나는 착한 사람이기 때문에 거절할 수 없다.
   - 피치 못할 사정과 상호 호혜

2) 거절은 독립성과 존재가치를 알리는 과정

3) 거절하는 방법
   - 이유를 말하지 말고 당당하게 말해야 한다.

- 불필요한 언쟁을 벌이고 싶지 않다면 부탁하는 상대방이나 내용을 평가하지 말아야 한다. 그리고 상대의 필요 없는 질문에 일일이 대답하지 않아야 한다.
- 필요하다면 'Yes'라고 말했더라도 다시 'No'라고 말해도 좋다.

4) 거절 근육 단련시키기
- 거절하는 건 우리가 선천적으로 가지고 있는 능력이 아니다. 그래서 거절은 저절로 잘 할 수 없고 연습을 통해서만 이루어질 수 있다. 거절의 말은 연습해야 익숙해진다.
- 거절을 연습을 할 때의 마음자세도 매우 중요하다. 거절을 잘 할 수 있는지의 여부보다는 내가 거절할 수 있다는 신념과 자신감이 더 중요할 수 있다.

5) 끊임없이 부탁과 요청을 받는 경우
- 우선순위와 원칙을 세워둔다.
- 필요한 일과 원하는 일을 분류해둔다.

02 수치심 치유로 자존감 회복

신대리(수미)는 친구들의 엄마가 교육을 통해 치유되는 모습이 부러웠다. 소통하고 공감하는 능력이 향상되는 모습을 보면서 자기 엄마도 나오면 좋겠다고 생각했다. 그래서 적극적으로 엄마에게 권하기로 생각했다. 어떻게 하면 좋을지 고민되었다. 그러다가 엄마가 가장 바라는 사윗감을 보여준다고 하면 어떨까 생각했다.

날을 잡아 엄마에게 말했다.

"엄마, 나 지금 데이트하고 있어!"

"정말이야? 다행이다. 어떤 사람이야?"

"회사원인데, 나이도 적당하고 괜찮아!"

"그래, 언제 보여줄거야?"

"그렇잖아도 때가 되면 인사드리려고 했는데, 아직 구체적인 결혼이야기는 나오지 않아서 못하고 있어."

"혹시 사진이라도 있어?"

"네, 여기 이 사람이야."

"사진상으로는 괜찮은 것 같네. 그런데 여기는 어디야?"

"교육받는 곳이야. 함께 교육받고 있어."

"무슨 교육인데?"

"「소공성」 교육인데 소통과 공감으로 만드는 성공적인 행복한 인생이란 뜻이야. 건강한 인간관계를 위해 소통하고 공감 능력 향상하는 교육이야."

"그거 좋네. 우리는 그런 교육을 못 받아서 힘들게 살아왔어. 결혼생활도 그렇고 사회생활도 어렵게 했지. 너희들은 결혼하기 전에 그런 교육을 받아서 잘 살면 좋겠다."

"맞아요. 나도 대화는 잘한다고 생각했는데 그게 아니더라고요. 어려운 상황에서 말하는 방법이라든지 공감은 배우지 않으면 못하는 것이더라고요."

"그래. 우리는 이제 나이가 들어서… 좀 너 젊으면 그런 교육을 받고 싶은데."

"엄마, 그렇지 않아. 내 친구 엄마들도 나와서 배우고 있어. 오해가 생겨서 멀어졌던 두 분이 다시 화해하기도 했어. 그리고 요즘은 100세 시대잖아, 엄마도 앞으로 사실 날이 많이 남았잖아. 그러니까 필요해."

"됐다. 이제 인생 다 살았는데, 그런 교육이 뭐 필요하겠니?"

"그런데 엄마, 나도 전에는 남자를 잘 사귀지 못했잖아. 그게 대화 방법과 공감 능력이 없어서였던 거야. 이 교육을 받고 데이트도 어느 정도 잘해나가고 있어. 나이와 상관없이 소통하고 공감은 필요한 것 같아."

"그렇긴 한데, 지금은 별 생각 없다."

"그럼, 미래의 사위가 어떤 사람인지 볼 겸해서 오면 어떨까! 미래의 손주에게도 엄마가 잘 공감해줘야 행복해질 수 있잖아. 그러니까 같이 가면 좋겠어."

"그건 괜찮은 생각이네. 교육은 언제 하는데?"

"오전반과 저녁반이 있는데, 처음에는 저와 함께 나가시고, 조금 적응이 되시면 편리한 시간에 가면 돼요."

"알았다."

엄마가 함께 한다고 해서 기뻤다. 이 소식을 나팀장에게 전화하고 다음번 교육 때는 단정하게 하고 나오라고 했다.

수치심이란

다음 회에 신대리(수미)와 엄마 그리고 나팀장은 함께 교육에 참여했다.

강사는 수미엄마에게 참석하게 된 동기를 물어보았다.

"네, 우리 딸이 나중에 손주 잘 키우려면 교육을 받아야 한다고 해서요."

참가자 분들은 모두 "와"하고 웃었다.

"그러시군요. 잘 오셨습니다. 손주를 잘 키울 수 있을 뿐 아니라 본인도 행복해지실 수 있을 겁니다. 혹시 별칭은 지으셨나요?"

"네, '들꽃'으로 했어요. 비록 남들은 알아주지 않지만 질긴 생명력을 지녔고 나름 아름답기 때문입니다."

"네, 좋은 별칭이군요. 감사합니다. 이번 시간에는 수치심을 배우려고 합니다. 수치심이 무엇일까요?"

"한자 뜻 그대로 창피한 것 아닌가요?"

"네, 당당하지 못해서 창피한데요. 그냥 창피한 것이 아니라 존재가 초라하고 형편없어 창피하게 느끼는 감정입니다. 자신의 존재에 대한 부정적인 시각입니다. 이런 수치심이 있으면 자존감이 떨어지고 인간관계에 부적절하게 반응하게 됩니다."

수치심이란 존재가 초라하고 형편없어 창피하다고 느끼는 감정이다. 즉 존재에 대한 부정적인 시각이다.

"'존재를 창피하게 여긴다'는 뜻을 좀 더 구체적으로 알려주시겠어요?"

"실수나 잘못을 했을 때, '아이쿠 내가 잘못했네, 혹은 실수했네.'라고 생각하는 것과 '내가 그렇지 뭐, 나는 어쩔 수 없어!'라고 생각하는 것의 차이점은 무엇일까요?"

"먼저는 행동을 부정적으로 바라보는 것이고 뒤에는 자기 자신에 대해 부정적인 시각을 가진다고 볼 수 있네요."

"그렇습니다. 먼저 제시한 말은 순간적인 행동의 실수로 여기는 반면, 나중 생각은 지속적으로 열등감을 느끼게 됩니다."

"조금 이해가 되네요. 행동이나 외부적인 요인이 아니라 존재가 잘못된 내부적인 원인으로 창피하다고 느끼는 것이군요."

"그렇습니다. 자신을 보잘것없다고 생각하기 때문에 스스로 질책하며 비난하는 마음의 비평가입니다."

"수치심은 어떻게 생기게 되나요?"

"몇 가지 이론이 있습니다. 먼저는 '이상적인 나의 모습'과 '현재의 나의 모습'의 차이를 느낄 때 생깁니다. 이상적인 자기의 이미지에 못 미칠 때 씁쓸하고 부끄럽게 느끼게 됩니다. 어느 심리학자는 수치심은 인간만 느끼는 감정이라고 하네요. 다른 하나는 인간관계에서 생기게 됩니다. 부모님이나 의미 있는 사람들의 비난과 판단이 주요 원인이라고 합니다. 보통 비난이나 판단은 그 행위를 말하지 않고 존재를 말하는 경우가 많습니다. '이런 바보 같은 자식', '네가 그렇지 뭐', '너는 어떻게 생겨먹었기에 그렇게 뿐이 못하냐!' 등등과 같이 존재를 말합니다. 그리고 주위의 평가도 큰 작용을 합니다. '어느 대학교 나왔어?'라든가 '너는 몇 평 아파트에 사니?' '너는 왜 그렇게 뚱뚱하니?'라든가 이러한 잘못된 비난과 평가를 잘못 해석해서 생기게 된다고 합니다."

다음의 경우에 수치심이 생기게 된다.

첫째, '이상적인 나의 모습'과 '현재의 나의 모습'의 차이를 느낄 때

둘째, 부모님이나 의미 있는 사람들의 비난과 판단을 받을 때 혹은 주위의 평가를 잘못 해석할 때

"다른 사람의 시선과 평가는 피해 갈 방법이 없겠네요. 매일 우리가 경험하는 감정이잖아요."

"네, 그래요. 수치심은 외모, 직업, 돈, 가난, 학력, 건강, 나이, 종교 등 모든 일상에서 불쑥불쑥 나타나곤 합니다."

"구체적으로 예를 들어주세요."

"어느 분의 초등학교 시절 이야기입니다. 어렸을 때 아버지가 사업에 실패하시고 가난해졌습니다. 그래서 어머니가 삯바느질을 했다고 합니다. 그로 인해 가난했지만 옷은 잘 입었답니다. 공부도 제법 했고 깔끔하게 옷을 입고 있어서인지 친구들은 가난한 사실을 몰랐답니다. 그런데 친구들과 어울리다 보니 자기 집을 보고 싶다고 했답니다. 이분은 자기 집이 가난하다는 사실이 창피하게 여겨져서 친구들에게 절대 안 보여줬다고 합니다. 한 번은 친구들이 자기를 쫓아와서 집 주변만 2시간 동안 맴 돌기도 했다고 합니다. 가난하다는 사실을 친구들이 알면 자기와 사귀지 않을 것이 두려웠다고 합니다. 가난이 자신의 존재가치를 말하는 것이라 생각되

었겠지요. 가난이 수치심이 된 예입니다."

수치심의 특징

"수치심은 무엇보다도 창피하게 느끼기 때문에 감추려고
합니다. '말하는 것'만으로도 수치심을 느낄 수 있기 때문에
말하는 것을 꺼립니다. 그 누구에게도 말하지 못해 혼자서
고민하게 만드는 고통의 원천입니다."

"창피하니까 말을 못하겠네요."

"네. 2009년 우리나라에서 개봉된 영화 『더 리더:책을 읽
어주는 남자』를 보신 분 있으실 겁니다. 2차 세계대전 중에
독일인 주인공 '한나'라는 여인의 삶을 그리고 있습니다. '한
나'는 글을 읽지 못하는 사실을 숨기기 위해 굴곡진 삶을 살
아갑니다. 문맹이 수치심으로 작용했습니다. 전차 안내원에
서 사무직으로 승진할 기회가 있었는데 문맹을 감추기 위해
직장을 포기합니다. 더 심각한 일도 일어납니다. 유태인 학
살에 관여한 죄로 법정에 선 '한나'는 문맹이라는 자신의 비
밀을 감추기 위해 죄를 인정합니다. 그래서 무기징역형을 받
고 수감됩니다. 저는 이 영화를 보고 많이 슬프고 고통스러
웠습니다. '한나'가 자신이 문맹이라는 사실을 말했다면 어떻
게 되었을까요? 회사에 '제가 글을 읽지 못해서 사무직을 할

수 없어요.'라고 말했다면요. 그러면 회사에서는 그녀를 내쫓을까요?"

"아니요. 일을 잘해서 승진을 추천했잖아요. 그러니까 전차 안내원을 계속하게 하지 않았을까요? 아니면 글을 배울 수 있게 배려를 하지 않았을까요?"

"저도 그렇게 생각합니다. 이처럼 수치심은 말을 하면 금방 치유될 수 있습니다. 그런데 말할 용기를 내지 못합니다. 두 번째로 다른 사람과 단절된 삶을 살아갑니다. 초라하고 작게 느껴지고 한없이 잘못된 것 같습니다. 그래서 '자신만 그런 일을 겪는다.'고 생각하게 만듭니다. 자신만 그렇다는 것은 '남과 자신은 다르다'는 뜻입니다. 그래서 벽을 쌓고 단절하려 합니다. 이렇게 자신이 취약하고 보잘것없다고 느껴지니까 다른 사람에게 집중하게 됩니다. 자신의 삶을 살지 못하고 다른 사람의 삶을 살아갑니다. 불행의 시작입니다."

수미엄마는 불현듯 전에 친구들과 있었던 사건이 생각났다. 수미와 명문대를 나오고 유학까지 마치고 온 친구 딸이 비교되면서 창피하게 느꼈다. 그것이 수치심이란 사실을 알게 되었다. 그 다음부터는 좋은 총각 있으면 소개시켜 달라는 말을 못하게 된 이유를 알 것 같았다.

"심리학자 로버트 피얼스톤은 수치심이란 자신 안에서 들려오는 부정적인 소리들이라고 말했습니다. 이 목소리들은 자생력이 엄청 강합니다. 수치심을 떠올리는 것은 또다시 수치심을 낳고, 그 수치심이 또 수치심을 낳는 악순환을 불러일으킨다고 합니다. 그리고 몇 가지 한정된 생각으로만 초점을 맞추게 해서 좁은 시야를 갖게 만듭니다."

"수치심은 우리 정신건강을 위해 정말 안 좋은 것이군요. 어떻게 하면 치유할 수 있나요?"

수치심의 치유

"여러 가지 방법이 있습니다. 대충 네 가지로 정리할 수 있습니다. 첫째로 '수치심을 일으키는 원인을 알아차리기'입니다."

참가자들은 자신의 수치심을 치유할 수 있는 방법을 잘 배우려고 진지해졌다.

① 수치심을 일으키는 원인 알아차리기

"자신의 이상적인 모습과 대치될 때 수치심을 느끼게 됩니다. '원치 않는 자신의 모습'을 찾아내서 수용하고 인정해야 합니다. 그래서 먼저 통합적 사고를 가지도록 해야 합니다."

"통합적 사고라는 것이 무엇을 뜻하나요?"

"네, '누구나 장점도 있고 단점도 있다. 그리고 연약하고 한계를 가졌다.'는 사실을 수용하는 생각을 말합니다. 이렇게 하면 자신을 있는 그대로 인정할 수 있어서 수치심으로부터 자유로워질 수 있습니다."

"'나는 가난하지만 좋은 가족이 있어.' '나는 가방끈은 짧지만 열심히 노력하고 있어. 필요하면 얼마든지 더 공부할 수 있어.' '삶에 필요한 정보는 책이나 인터넷을 통해 충분히 배우고 보완해 갈 수 있어.' 이런 식으로 생각하는 말입니까?"

"네, 잘했습니다."

② 수치심을 줄 때는 반격하고, 건강한 사람과 좋은 인간관계를 가진다.

"두 번째로 '수치심은 인간관계에서 일어나는 일'입니다. 그래서 상습적으로 모욕을 주어 수치심을 일으키는 사람과는 관계를 멀리해야 합니다. 특히 상대를 수치스럽게 만들어 지배하고 두려움을 주려는 사람은 피해야 합니다."

"그런 사람이 우리 주변에 있거나 피할 수 없을 때는요?"

"두 가지 방법이 있습니다. 하나는 비난이나 상처를 줄 때 방관하지 말고 상황에 따라 반격합니다. 다른 하나는 건강한 사람과 사귀어야 합니다."

"지금까지 배운 내용처럼 먼저 공감을 해주고 자신의 마음을 잘 표현하면 되나요?"

"네, 맞습니다. 그리고 잘 공감하고 건강한 관계를 맺는 사람을 친구로 사귑니다. 혹은 그러한 그룹에 들어가는 것도 방법입니다. 특히 무조건적으로 자신을 사랑해 줄 수 있는 사람을 만나거나 관계를 만드는 일이 중요합니다."

"관련된 좋은 교육을 받는 것도 방법이겠네요."

"아주 좋지요.「소공성」교육도 그러한 목적에서 만들어졌습니다. 소통과 공감으로 치유되고 건강한 관계를 맺도록 만든 교육 모임입니다."

③ 비판하지 말고 공감하기

세 번째는 '비판하지 말고 공감하기'입니다. 비난이나 비판은 수치심을 만드는 주요 원인이 됩니다. 비난이나 비판을 받아 수치심을 느끼면 그 느낌을 털어내고 위안을 얻기 위해서 남을 비판합니다. 이렇게 비판의 악순환의 고리가 만들어집니다. 이 악순환의 고리를 끊어내기 위해서는 공감이 필요합니다. 공감을 하면 수치심은 힘을 잃고 사라지기 시작합니다. 누군가가 자기 얘기를 잘 들어주는 것만으로도 큰 힘이 될 수 있습니다."

"공감이 수치심 치유를 위한 치료제였네요."

④ 안전한 상황에서 수치심 고백하기

"네 번째로 '안전한 상황에서 수치심을 고백하기'입니다. 고백하면 부정적으로 들리는 '내면의 목소리'의 실체가 드러나게 됩니다. 실체를 살펴보면 무시당하거나 비웃음을 당할 이유가 없다는 사실을 알게 됩니다. 그리고 모든 사람이 나름대로의 수치심을 가지고 있음을 알게 됩니다. 그러면 수치심과 어느 정도 거리를 둘 수 있게 되고 통제할 수 있게 됩니다."

"고백하기가 어려울 때는 어떻게 합니까?"

"본인이 안전하다고 생각되는 상담사와 상담을 하시면 도움을 받을 수 있습니다. 상담사를 통해 공감 받고 재해석을 받으면 치유될 수 있습니다."

"상담을 통해서 수치심을 치유하고 회복될 수 있군요."

수치심 대처 방법

"실습을 하도록 할게요. 수치심을 일으키는 말을 들었을 때 적절하게 대응하는 대화방법을 생각해보기입니다. 누가 자신의 사례를 말해주시겠어요?"

"중학생 딸이 하는 말에 순간적으로 화가 나서 감정이 폭발했어요. 딸은 '엄마! 교육받는다면서 하나도 나아진 게 없어.' 하더라구요. '나는 안 돼.'하는 절망감과 창피함으로 괴로웠어요."

"이런 상황에서 어떻게 수치심을 일으키지 않고 직절하게 대응할 수 있는지 살펴보도록 합니다. 먼저 딸에게 공감을 해 주어야 합니다. 어떻게 하면 될까요?"

"엄마가 화를 내서 기분이 나쁘겠네! 미안해."

"이번에는 그 상황을 인정하고 자신의 마음을 표현해보세요."

"네가 나를 놀리는 줄 알고 순간적으로 화가 났었어. 교육을 받고 있지만 아직은 잘 안되네. 그래도 노력은 계속 하고 싶어."

"잘했습니다. 앞으로 이런 일을 방지하기 위한 방법을 생각해보세요. 그리고 상대에게도 도움을 요청하면 좋습니다."

"다음에 또 내가 폭발하려 하면 미리 알려줄래?

"좋습니다. 세 가지를 합해서 말해보세요."

"엄마가 화를 내서 기분이 나쁘겠네! 미안해."(공감)

"네가 나를 놀리는 줄 알고 순간적으로 화가 났었어. 교육을 받고 있지만 아직은 잘 안되네. 그래도 노력은 계속 하고 싶어."(마음 표현)

"다음에 또 내가 폭발하려 하면 미리 알려줄래?"(도움 요청)

"이렇게 말을 하고 나니 어떤 마음이 드나요? 제대로 대응하지 못할 때와 비교해서 말해주시면 좋겠어요."

"처음에는 '역시 나는 안 돼!'라는 생각에 좌절되고 부끄러웠어요. 그리고 딸에게 미안하기도 했어요. 그런데 공감을 하고 나니 미안한 마음이 다소 해소되었어요. 그리고 '누구나 실수할 수 있어. 다시 잘하면 되지.'라는 생각이 들면서 용기가 생기네요. 무엇보다도 내가 형편없다는 수치심은 안 생기는 것 같아요.”

“네. 감사합니다. 다른 사례가 있나요?”

“네, 제 실수로 회사에 영업 손실을 일으켰습니다. ‘나는 왜 이럴까! 이러다 짤리는 것 아냐!’라고 자책도 되고 걱정되었어요. 그런데 동료직원이 ‘열심히 일하는 것 같은데 어떻게 됐어? 실적이 많이 올랐나?’라며 빈정거렸어요. 그 직원이 얄밉고 싫어졌고 자신은 우울해지고 무기력해졌어요.”

“네, 빈정거리면서 비난의 수단으로 수치심을 사용했네요. 방식은 동일합니다. 먼저 공감하고 자신의 마음을 잘 표현하면 됩니다. 공감부터 해보시겠어요?”

“제가 회사에 많은 손해를 입혀서 실망했군요.”

“잘 공감했습니다. 자기 마음을 표현해보세요.”

“그렇게 말하니까 마음이 아프네요. 실수한 사실로 그렇게 수치심을 주니까 앞으로는 업무에 대해서는 말하기 힘들겠네요.”

“잘했어요. 그러면 종합해서 말해보실래요?

“제가 회사에 많은 손해를 입혀서 실망했군요.”(공감)

“그렇게 말하니까 마음이 아프네요.(감정표현) 실수한 사실로 그렇게 수치심을 주니까 앞으로는 업무에 대해서는 말하기 힘들겠네요.”

“이렇게 말하고 나면 어떨 것 같나요?”

“일단 속이 시원할 것 같아요. 그리고 상대를 존중해주면서도 자신의 말을 하고 나면 자존감도 올라갈 것 같아요.”

"그렇습니다. 수치심은 자신을 작고 초라하게 만들기 때문에 자존감이 떨어집니다. 그런데 이렇게 잘 대응하면 자존감이 올라갈 수 있습니다. 이번에 다른 사례가 있나요? 없으시면 오늘 수업은 여기서 마치겠습니다."

수미엄마는 말하고 싶은데 처음이라 주저하게 되었다. 그리고 딸과 관계된 이야기라서 수미가 어떻게 반응할지 몰라 망설여졌다. 나중에 상담을 직접 받는 것이 좋을 것 같았다. 교육을 마치고 따로 강사에게 상담 약속을 잡았다.

수치심 치유 상담

상담사: "무슨 일로 부끄러우셨나요?"

수미엄마: "친구 모임에서 수미를 위해 좋은 총각 있으면 소개해달라고 했어요. 그런데 다른 친구도 소개해달라고 하면서 자기 딸은 이탈리아에서 유학하고 돌아온다고 했어요. 그리고는 우리 수미가 어느 대학 나왔느냐고 물었어요. 수미는 동생들 학비를 벌어야 했기 때문에 야간대학을 나왔거든요. 우리 딸이 자랑스러워야 하는데 대학이 비교가 되니까 창피했어요. 그래서 전화하는 핑계를 대면서 그 자리를 피해버렸어요. 그리고는 그 이후에는 어디에서도

좋은 총각 소개시켜 달라고 말을 못했어요."

상담사: "많이 고통스러웠겠네요. 자랑스러운 딸을 창피해서 소개 못하는 자신이 정말 어이도 없고 한심스러웠겠어요."

수미엄마: "네, 제가 큰 죄를 지은 것 같이 죄책감과 미안함도 느꼈어요. 그래서 결혼이야기도 못하고 잔소리만 해댔어요."

상담사: "그러셨군요. 왜 그때 자랑스런 딸이 창피하게 느껴지셨나요?"

수미엄마: "비교가 되어서요. 그리고 야간대학 나왔다고 하면 비웃음거리가 될 것 같았어요. 그러면 얼마나 창피하겠어요!"

상담사: "비웃음거리가 될까 걱정되셨군요. 학벌 위주의 사회 현상이 '들꽃'님의 마음에 수치심을 심어버렸네요."

수미엄마: "지금도 그 때를 생각하면 창피하고 말도 못할 것 같아요."

상담사: "그 일로 이렇게 상담을 하시니 아주 큰 용기를 내셨네요. 제가 수미엄마 역할로 친구 분들에게 말을 해볼게요. 어떤 느낌이 드는지 확인해보세요."

수미엄마: "네? 상담사님이 제 역할을 하신다구요?"

상담사: "네, 제가 수미엄마가 되어서 친구 분들에게 말을 해볼게요."

수미엄마: "알겠어요."

상담사: "'어머! 좋은 대학 나오고 유학까지 갔다 왔구나. 정말 네 딸이 부럽다, 얘. 우리 수미는 동생들 학자금을 대기 위해 고등학교를 졸업하고 직장에 다녔어. 동생들 공부시키고 자신은 야간대학과 대학원을 다녔어. 좋은 대학은 못 나왔어. 하지만 효녀이고 건강하고 일도 잘해.' 이렇게 말하면 어떤 느낌이 드시나요?"

수미엄마: "괜찮아요. 당당하고 듣기 좋네요. 그런데 그런 말이 생각이 안 나잖아요."

상담사: "네, 왜 그렇게 말하는 걸 두려워했을까요?"

수미엄마: "업신여기거나 무시할 것 같아서요."

상담사: "그래요. 혹시 언젠가 학력이나 가난으로 인해 무시당한 경험이 있으신가요?"

수미엄마: "있어요. 어렵게 살 때 아이들 체육복을 빌리려고 친구 집에 아침에 간 적이 있어요. 그런데 친구 남편이 '누가 아침부터 재수 없게 빌리러 와!'하면서 소리치는 것을 들었어요. 체육복도 못 빌리고 가슴이 뛰고 심장이 터질 것 같은 고통을 느낀 적이 있었어요. 그 후로 '가난하면 무시당한다.'는 생각이 들었던 것 같아요."

상담사: "아주 고통스런 경험을 하셨네요. 자녀들을 위해

그런 가난의 어려움을 가슴에 지니고 지금까지 살
아오셨네요."

수미엄마: "네…" 말을 하면서 수미엄마는 눈물을 훔쳤다.

상담사 : "여기에 적혀있는 방법대로 마음 아픈 상처들을 스
스로 공감하고 위로해보세요. 다음 상담 시간까지
한 주 동안 시간되실 때 꼭 해보세요."

수미엄마: "네."

스스로 마음의 상처 공감하는 방법

마음의 상처는 생각하기도 싫고 보고 싶지 않기 때문에 잠
재의식이나 무의식에 감춰두고 있다. 그러다가 비슷한 상황
이 되고 여건이 형성될 때 폭발하듯이 터져 나온다. 그래서
상처가 우리의 삶에 나쁜 영향을 줄 때 찾아내서 치유해야
한다. 방법은 어렵지 않다. 먼저 기억하고 있는 사건의 내용
과 감정을 찾아낸다. 그리고 그 내용을 표현하고 공감받으면
된다. 공감을 해줄 상대가 없으면 일기를 적듯이 그 내용과
감정을 적고 스스로를 공감해주면 된다. 예를 들면, 어릴 때
엄마가 "너는 필요 없어. 나가 버려."라고 한 말로 인해 상처
를 받았다고 가정한다.

① 외부나 다른 사람으로부터 방해를 받지 않을 조용한 장
소를 선택한다. 그리고 울거나 어느 정도 소리를 질러도 괜
찮을 장소가 좋다. 그러한 장소가 없으면 집에 아무도 없는

시간을 이용해도 좋다.

② 종이와 필기구를 준비한다.

③ 그 사건을 떠올리면서 생각나는 대로 느껴지는 대로 그 내용을 글로 적는다. 예를 들면 "엄마가 '너는 필요 없어. 나가 버려.'라고 했다. 나는 그때 너무 비참했다. '집을 나가면 어떻게 살 수 있을까?'라고 생각돼서 두려웠다. 그리고 엄마가 나를 싫어한다고 생각되었다. 그래서 괴로웠고 엄마가 미웠다."

④ '지금의 나'(어른 나)가 '상처 입었던 나'(어린 불쌍한 나)를 공감해준다. "엄마한테 그런 말을 들어서 많이 비참했구나. 얼마나 힘들었니. 그리고 집을 나가면 어떻게 살지 막막하고 두려웠구나. 엄마로 인해 괴롭고 미웠구나. 너무 힘들었겠다. 이리로 와 내가 위로해줄게." 이렇게 혼자서 공감을 해주면 아마도 눈물도 나고 소리도 지르고 싶어질 것이다. 그럴 때는 울어도 좋고 소리를 질러도 괜찮다.

⑤ 다음으로는 상대방의 입장에서 생각해 본다. '상대는 왜 그렇게 말이나 행동을 했을까?'를 생각하고 글로 적는다. 이때 상대의 감정과 욕구도 미루어 추측해서 적으면 좋다. '엄마는 돈은 안 벌어오고 술만 마시는 아버지로 인해 속상했었다. 그리고 정신적으로나 체력적으로 약해서 많이 힘들어했다. 이렇게 힘든 와중에 내가 잘못을 해서 참기 힘들어서 소리쳤을 것 같다. 마음에 여유도 없고 삶에 지쳐서 죽고 싶

었을 것이다.'

⑥ 이제는 지금의 나(어른 나)가 엄마를 공감해준다. "엄마도 너무 힘들었군요. 나를 돌볼 수 없어서 그렇게 고통스러워했군요."

⑦ 상대의 관점에서 사건을 바라보고 해석하고 공감해주면 상처에 대한 새로운 관점이 생기게 된다.

⑧ 이런 방법으로 자신의 아픈 상처를 공감을 통해 치유받으면 된다. 그리고 상대의 마음을 생각해보고 새로운 해석을 하게 되면 용서하는 마음도 생길 수 있게 된다.

상담사: "상담을 마치면서 지금 느낌은 어떠세요?"
수미엄마: "짐을 벗어놓은 듯 자유로워진 것 같아요. 그리고 적어주신 내용대로 하고 나면 상처도 치유될 것 같아 기대돼요."
상담사: "저도 기대되네요. 다음 주 이 시간에 뵙겠습니다."

한 주가 지나고 수미엄마는 다시 상담사를 찾았나.

상담사: "제가 권한 대로 과거의 상처를 공감하고 위로해보셨나요?"
수미엄마: "네."
상담사: "하시고 난 뒤 소감은요?"

수미엄마: "눈물이 많이 났지만 하나하나 표현하고 공감하니 시원해졌어요. 상대방의 입장에서 그 마음을 공감해보니 다 이해되는 것 같더라구요. 딸 자랑을 하고 싶은 친구의 마음이 보였어요. 그리고 체육복을 빌리러 간 친구 남편은 '그날 뭔가 안 좋은 일이 있었겠다.'고 생각되었구요. 나한테 하는 말이 아니라 자신이 터부로 여기는 일이어서 화를 냈다고 생각되었어요. 그렇게 말할 수 있을 거라고 생각되니 위로가 되더라구요."

상담사: "잘하셨네요. 그런 식으로 앞으로도 마음의 상처를 치유하시면 됩니다. 가난하면 업신여길 것이라는 생각은 여전히 가지고 있나요?"

수미엄마: "조금은 덜 한 것 같아요."

상담사: "그래요. 살다보면 가난할 수도 있어요. 설사 상대가 그 가난을 업신여기더라고 그것은 그 사람의 의견일 뿐입니다. 개가 개처럼 짓는 것이 이상하나요?"

수미엄마: "아니요."

상담사: "상대가 나를 업신여기는 말이나 행동을 하는 것은 그 사람의 인격이나 의견일 뿐입니다."

수미엄마: "그렇네요. 상대의 의견이나 말에 내가 상처받을 일이 아니네요."

상담사: "학력도 마찬가지입니다. 학력이 높으면 좋겠지만 자랑할 것도 아닙니다. 그렇다고 학력이나 어떤 대학이냐 하는 이유로 위축될 이유도 없어요."

수미엄마: "그래요."

상담사: "있는 그대로 자신을 수용하는 사람이 건강합니다. 자신의 단점이나 열등감을 수용하기가 어려운 게 문제입니다. 이럴 때는 교육할 때 말씀드린 대로 통합적 사고를 하면 좋습니다. 즉 '인간은 연약하고 한계가 있어서 누구나 단점과 열등감을 가지고 있어.'라고 생각하는 것이지요. 그리고 그 열등감을 극복하려고 노력하면 됩니다."

수미엄마: "수미도 생각해보면 신체 건강하고, 효녀이고, 부지런한 장점이 있네요."

상담사: "좋습니다. 수미씨가 야간대학을 나왔다고 창피하시나요?"

수미엄마: "아니에요. 오히려 자랑스러워요. 당당하게 말 할 수 있을 것 같아요."

상담을 마쳤다. 수미엄마는 가난이나 학벌이 더 이상 문제가 되지 않는다고 생각되었다. 그리고 딸 수미가 너무 사랑스럽게 느껴졌다.

1) 수치심

- 당당하거나 떳떳하지 못하여 부끄러움을 느끼는 마음이다.

- 부정적 내면의 목소리가 수치심을 만들었다.

- 마음 속 깊고 어두운 곳에 감춰진 감정이 아니라 얼굴, 몸매, 육
  아, 돈, 성생활, 나이, 종교 등 삶의 모든 면과 관련해 불쑥불쑥
  나타나는 일상적인 경험이다.

2) 수치심의 특징

- 감추고 싶은 감정

- 비난, 두려움, 단절을 불러일으킨다.

- 몇 가지 한정된 생각으로만 초점을 맞추게 해서 좁은 시야를 갖
  게 만든다.

- 자생력이 강해서 계속 수치심을 가져다준다. 수치심을 떠올리는
  것은 또다시 수치심을 낳고, 그 수치심이 또 수치심을 낳는 악순
  환을 불러일으킨다.

3) 수치심 치유 방법

- 수치심을 일으키는 원인을 알아내라.

- 잘못된 인간관계를 피하고 좋은 인간관계를 맺어라.

- 비판하지 말고 공감하라.

- 수치심을 고백하라.

03 변덕스런 감정

　나팀장과 신대리는 「소공성」 교육을 받으며 데이트를 해서인지 점점 친밀해졌다. 가끔 나팀장이 신대리 회사 앞에서 기다리다 놀래주기도 했다. 그럴 때 신대리는 반갑게 맞아주곤 했다.

　어느 따뜻한 봄날, 둘은 같이 서울숲을 거닐며 이런저런 이야기를 나누고 있었다. 나팀장은 요즘 건강관리를 위해 힘들지만 아침마다 수영을 한다고 했다. 그리고 여름에 휴가를 내서 캐리비언베이에 함께 놀러 가자고 했다. 신대리는 힘든 삶을 사느라 수영을 배울 기회가 없었다. 그래서 수영장이나 바다로 놀러 가자고 하면 매우 난감했다. 수영도 할 줄 모르거니와 수영복도 없었기 때문이다. 예전에는 다른 핑계를 대서 못 간다고 거절하곤 했다. 그런데 수치심 교육을 받은 후로는 마음가짐이 달라졌다. '수영을 못 하는 게 창피한 일이 아니야. 다만 기회가 없었을 뿐이야. 그대신 나는 우리 가정을 책임지고 있었어.'라고. 그래서 나팀장에게는 이런 이야기를 해도 괜찮을 것 같았다.

"강모씨는 수영을 좋아하는군요."

"네, 저는 어렸을 때부터 수영을 배웠어요. 외동이라서 어렸을 때부터 부모님은 제가 하고 싶은 것은 가능하면 뭐든 할 수 있도록 했어요. 그 덕분에 이제는 수영으로 건강관리도 하고 즐길 줄도 알게 되었어요."

"부럽네요. 저는 배우고 싶었는데 가정형편이 어려워서 엄두도 못 냈어요. 아버지가 어렸을 때 일찍 돌아가셔서 엄마 혼자서 어렵게 공부를 시키셨거든요."

"아! 그랬군요. 미안해요. 괜히 수영 얘길 해서 가슴 아프게 했네요."

"아니에요. 괜찮아요. 사실 저는 수영은 못해도 여름에 물에서 즐겁게 노는 모습이 너무 부러웠어요. 마침 강모씨가 수영을 잘한다고 하니까 안심하고 같이 가고 싶어요."

"그래요? 그럼 제가 수미씨가 안심하고 물에서 즐길 수 있도록 보호하겠습니다. 그리고 캐리비안 베이에서는 수영을 못해도 즐길 수 있는 것이 많이 있어요. 유수풀은 구명복을 입고 있으면 물에서 떠다닐 수 있거든요. 그리고 가만히 있어도 물이 흐르기 때문에 아주 편안하게 즐길 수 있어요. 그리고 스릴 넘치는 슬라이드도 있어요. 파도풀에서는 저만 붙들고 있으면 파도 타는 재미를 맛볼 수 있어요."

"얘기만 들어도 재미있겠네요. 부끄러운 이야기인데 아직 수영복도 없고 물에 대한 두려움도 있어서 망설여지네요."

"망설여지는군요. 처음이라 그럴 수 있어요. 그럼 좀 더 생각해보고 결정하세요. 그리고 저도 이번에 새롭게 수영복과 수경을 장만해야 해요. 결정하면 저와 같이 수영복 사러 가요."

"그래요? 강모씨도 새로 장만을 해야 하는군요. 그럼 이참에 수영복도 장만하고 함께 놀러갈까요?"

"저야 대환영입니다."

교육의 효과

"아침! 본부장님과의 관계는 어떻게 돼가나요?"

"네, '자존감 수첩'을 만들고 나서는 많이 안정이 되었어요. 본부장님이 야단을 쳐도 나중에 조용히 자신을 위한 시산을 가지고 나면 편안해졌어요. 그리고 안정이 되니까 본부장님에 대한 생각이 바뀌더군요."

"어떻게 바뀌었는데요?"

"전에는 나를 괴롭히는 나쁜 XX라는 생각이 지배적이었어요. 그리고 비난을 받으면 주눅들고 고통스러웠어요. 그런데 이제는 본부장님의 심적 부담이 느껴져서 미안하고 한편으론 애처롭게 보여요."

"애처롭게요?"

"네, 새로 부임해서 빨리 실적을 내야 하는 중압감을 어떻게 할지 몰라 하는 것 같았어요. 그리고 부하직원들에게 빨리 자신의 영업방식을 알려줘야겠다는 조급함도 느껴졌고요. 그래서 불쌍하고 쓸쓸해보였어요."

"그렇군요."

"큰소리로 야단칠 때는 속으로 이렇게 이야기하곤 해요. '본부장님! 많이 힘드시네요. 미안합니다. 저도 더 열심히 해서 도와드릴게요.' 그래서 주눅들거나 초조해하지는 않으면서도 더 공손해지고 미안해하는 마음이 생기게 되었어요."

"우와! 강모씨 학습 능력이 놀랍네요."

"아니! 뭘 별로…. 교육 덕분이죠!"

"그래요! 덕분에 자존감도 잃지 않고 더 향상되었겠네요."

"그런 것 같아요. 좋은 교육을 소개시켜 줘서 감사합니다. 그래서 오늘 저녁은 제가 쏠게요."

"좋아요."

반가운 소식

어느 날 박사연씨가 면담을 요청했다. 신대리는 오후 시간에 시간을 내서 박사연씨와 만났다.

"무슨 일인데요?"

"네, 기쁜 소식인데요 어머님이 병세가 많이 호전되어서 퇴원하셨어요."

"그래요! 정말 잘 되었네요. 그럼 집에 계시나요?"

"아니요. 식사를 비롯해 집안일을 하시는 게 힘드셔서 요양원으로 보내드렸어요. 이제는 저희 남매가 돌보지 않아도 되었어요. 그리고 여러 가지 혜택을 받아서 요양비 부담도 덜었어요."

"우와 정말 잘 되었네요."

"고맙습니다. 신대리님이 제 사정을 이해하시고 돌봐주신 덕분입니다."

"뭘, 제가 한 것은 아무 것도 없어요."

"그리고 이제부터는 필요하면 제가 야근도 할 수 있고 주말 근무도 가능해졌어요."

"잘 되었네요. 박사연씨가 어려울 때 도와주시면 저희가 힘이 되지요."

박사연씨의 상황이 좋아지니 신대리도 괜히 기분이 좋아졌다.

요동치는 감정

토요일에 교육을 마치고 나팀장과 함께 수영복을 사러 가기로 했다. 그날이 바로 내일로 다가왔다. 오늘은 직장인에게 가장 기대되고 신나는 금요일이다. 그런데 평소와 다르게 어제부터 왠지 예민해지고 짜증이 나서 불편했다. 몸도 찌뿌둥하고 속이 메스꺼워서 밥맛도 못 느꼈다. 피곤해서 그런가 하고 마음을 다잡아보지만 소용이 없었다. 점점 더 우울해지고 부정적인 생각이 들면서 집중력도 떨어졌다. 한 달에 한 번씩 이런 일이 생기곤 했다.

간신히 업무를 마치고 집으로 돌아가려고 회사 문을 나섰다. 그때 갑자기 뒤에서 "까꿍"하는 소리에 깜짝 놀랐다. 그리고 뒤를 돌아보니 나팀장이 웃으면서 서 있었다. 순간 하루 종일 참았던 짜증이 확 올라왔다. 그리고 회사 사람들이 보면 어쩔까 싶어 창피하기도 했다.

"깜짝이야! 여기는 왜 왔어요? 창피하게!"

"네?… 왜 오다니요? 그리고 제가 창피해요?"

"회사 사람이 보면 어떡해요. 앞으로는 회사에 오지 마세요."

그리고는 나팀장을 지나쳐서 혼자 나가서 택시타고 가버렸다.

나팀장은 너무 충격적인 말과 태도에 그 자리에서 멍하니 서 있었다. 갑자기 모멸감과 좌절감이 몰려들었다. 집으로 돌아가는 길에 오만가지 생각이 일어나면서 고통스러웠다. 전에는 가끔 회사로 찾아가면 반갑게 맞아주었는데 갑자기 창피하다고 했다. 전혀 이해되지 않았다. '왜 그랬을까? 내가 싫어졌나. 내가 창피해? 뭐가? 그렇게 형편없고 초라해 보였나.' 집에 와서도 잠도 자지 못하고 고민했다.

신대리는 자신이 왜 그런 말을 했는지 스스로도 이해되지 않았다. 그리고 나팀장이 받았을 정신적 충격을 생각하니 너무 미안했다. 자신도 모르게 튀어나온 말을 곰곰이 생각해보니 어이가 없었다. 어제부터 많이 불편하고 힘들었는데 나팀장에게 심한 말을 하고 나서 더 악화된 것 같았다. 지금이라도 전화해서 미안하다고 말해야겠다는 생각이 들다가도 어떻게 해야 좋은지를 몰라 망설여졌다. 평소의 신대리와 전혀 다른 마음상태에 '내가 왜 이러지?'하고 혼란스러웠다. 신대리도 밤새 잠을 못 이루었다.

다음 날, 강모는 찜찜했지만 교육을 받고 신대리와 함께 수영복을 사러 가면 되겠다고 생각했다. 그런데 신대리에게 문자가 왔다.

'오늘 몸이 안 좋아서 교육에 참여 못하겠어요.'

문자를 받자마자 건강도 염려되고 오늘 약속을 확인하기 위해 전화를 걸었다.

"수미씨, 잘 잤어요? 어제는 제가 갑작스럽게 찾아가서 많이 놀랐겠네요. 미안해요. 오늘 같이 수영복 사러 가기로 한

날인데, 시간이 되시면 함께 점심 먹고 쇼핑하면 어떨까요?"

"어제는 제가 심한 말을 해서 많이 괴로우셨겠네요. 미안합니다. 오늘 약속은 없던 걸로 해주세요. 수영복을 사는데 강모씨와 함께 가는 게 생각해보니 창피해요."

"창피하다구요? 어제부터 저와 함께하는 게 창피하다 말하는데…"

"아! 미안해요. 강모씨가 창피한 게 아니에요. 어제는 회사 사람들이 보면 난처할 것 같다고 걱정이 되었어요. 오늘은 수영복을 함께 산다는 게 창피하게 느껴져서요. 그리고 요즘 컨디션이 많이 안 좋아서 오늘은 쉬고 싶어요."

"아! 네.… 많이 힘드시군요. 쉬세요. 다음에 만나요."

"미안합니다. 저도 왜 이러는지 잘 모르겠어요."

이렇게 토요일의 멋진 데이트 계획이 무산되었다.

이 일이 있은 후로는 둘은 서로 연락도 하지 않고 서먹서먹하게 되었다. 신대리는 회사 출장이 있어서 그 다음 교육에서도 만나지 못했다.

나팀장은 '이러다가 헤어지는 것 아닌가?' 하는 걱정이 생기기 시작했다. 신대리도 이상하게 상황이 꼬이면서 강모와의 관계가 잘못되는 것 같아 불안해졌다.

나팀장은 「소공성」 교육을 받으면서 인간관계를 풀어가는 강사의 지혜에 놀라곤 했다. 두 사람의 관계를 풀어가려면 강사에게 상담을 받는 게 좋겠다고 생각하고 전화를 했다.

"강사님! 안녕하세요. 저는 나강모입니다."

"아, 네 반갑습니다. 무슨 일로?"

"네, 수미씨와 관계가 서먹서먹해지고 어려워져서 상담을 받아볼까 해서요."

"그래요. 그럼 두 분이서 함께 상담을 받으시나요?"

"현재로는 저부터라도 먼저 상담을 받았으면 해서요."

"그렇군요. 무슨 일이 있었는지 간단하게 말씀해보시겠어요?"

나팀장은 그동안의 일을 이야기했다.

"네, 이런 경우에는 함께 상담을 받으면 더 효과적이에요. 왜냐하면 수미씨가 왜 그렇게 말하고 행동했는지를 확인할 수 있어서입니다. 그리고 수미씨도 강모씨의 마음을 이해하면 더 쉽게 갈등이 해결될 수 있어서요."

"그럼 수미씨에게 확인해보고 연락드릴게요."

신대리도 뭔가 잘못되고 있다는 불안감을 떨칠 수가 없었다. 그러던 중 나팀장이 함께 상담을 받자고 해서 기꺼이 수락했다.

상담사: "함께 상담을 받아서 다행입니다"

신대리: "네, 저도 좋아요."

상담사: "어떤 일이 있었는지 강모씨가 먼저 말해주겠어요?"

나팀장: "전에는 제가 퇴근시간 쯤 수미씨 회사에 가면 반겨

주었어요. 그런데 2주 전에는 창피하다며 짜증을 내서 놀랐어요. 그리고 수영복을 함께 사러 가자고 했는데 갑자기 그것도 창피하다고 하구요. 예전의 수미씨 모습이 아니라 정말 당황했어요. 이 일 후로는 왠지 서먹서먹해지고 관계가 멀어지는 것 같아 걱정도 되구요."

상담사: "평소와 다른 모습에 당황하셨네요. 그리고 두 사람의 관계도 걱정되는군요. 수미씨는 왜 그랬는지 설명해주시겠어요?"

신대리: "사실 저도 왜 그런 마음이 들었는지 모르겠어요. 그 일이 있기 전부터 몸도 찌뿌둥하고 괜히 우울하고 불안했어요. 그날도 회사 업무가 많이 힘들었어요. 힘겹게 일을 마치고 집에 가서 푹 쉬어야겠다고 생각하면서 나오고 있었어요. 갑자기 '까꿍'하는 소리에 놀라서 뒤를 돌아보니 강모씨가 있었어요. 평소 같으면 반가웠을 텐데 놀라기도 했고 하루 종일 참았던 짜증이 밀려 올라왔어요. 그리고 '회사 사람들이 보면 어떻게 생각할까? 나쁜 소문이 나면 어떻게 하지?'하는 불안이 생기면서 갑자기 창피하게 느껴졌어요."

상담사: "그랬군요. 그날은 많이 힘들었었군요. 그리고 회사 사람들이 알면 문제가 생길 것 같아 걱정되었군요."

신대리: "네, 그렇게 말하고 나서 후회도 많이 했어요. 나중에 미안하다고 사과를 하려고 했는데 자신이 없었어요. 평소 제 모습과 너무 달라서 저도 어이가 없었어요. 내 안에 다른 '약하고 초라한 내'가 있는 것 같았어요. 수영복도 처음에는 함께 가서 고르면 좋겠다고 생각되었어요. 그런데 그날은 내가 남자친구와 함께 수영복을 고르는 게 너무 창피하게 느껴지더라구요. 마치 제 벌거벗은 모습을 보여주는 것 같아서 그랬어요."

상담사: "그러셨군요. 수미씨는 이런 감정의 변화가 처음인가요?"

신대리: "그게요 이렇게 심하게 나타나진 않았지만 가끔 그런 것 같았어요."

상담사: "가끔 이란 게 어느 정도 기간인지요?"

신대리: "글쎄요. 약 한 달에 한 번 정도 그리고 2-3일 정도 힘들었던 것 같아요."

상담사: "혹시 두 분 '생리 선 증후군' 혹은 '월경 전 승후군'이라는 말을 들어보신 적이 있나요?"

나팀장: "아니요. 못 들어봤어요."

신대리: "들어는 봤는데, 잘 모르겠어요."

상담사: "생리작용을 위해 분비되는 호르몬 변화로 인해 생기는 증후군이에요. 이때 약 200여 가지의 정신과

신체상의 불편한 증상이 나타나게 된다고 하네요. 집중력 저하, 건망증, 공격성, 예민해짐, 신경질, 짜증, 불안, 우울 등과 같은 정신적인 어려움이 생기구요. 신체 부음, 소화장애, 두통, 요통 등의 신체적 증상이 생긴다고 하네요."

나팀장: "그럼, 그날도 수미씨가 이런 증후군으로 힘들었던 상태인가요?"

상담사: "저는 그렇게 생각되네요. 수미씨는 어떠세요?"

신대리: "그런 것 같아요. 그 전날부터 왠지 컨디션이 안 좋아서 고생했었거든요. 그래서 평소와 다르게 강모씨가 왔을 때 불안을 느꼈군요. 그리고 수영복 사러 가는 일도 그렇구요."

나팀장: "그러면 이런 경우에는 어떻게 하면 되나요?"

상담사: "두 분 다 노력을 해야 합니다. 수미씨는 여러 가지 안정을 취하는 방법을 간구해야 합니다. 음식조절, 몸상태조절 등을 하면 좋습니다. 그리고 그런 상황을 함께 하는 주위 분들에게 알려야 합니다. 그러면 오해도 줄일 수 있고 다른 분들도 도와줄 수 있습니다."

나팀장: "그럼 저는 어떻게 해야 하나요?"

상담사: "무엇보다 그 마음을 공감해 줘야 합니다. 수미씨가 강모씨로 인해 감정이 생긴 것이 아니라 스스로 힘들어한다는 사실을 기억하시구요."

나팀장: "알겠습니다."

신대리: "저도 그동안 왜 그렇게 힘든지 잘 몰랐는데, 이제 그 해답을 알았네요."

상담사: "그동안 꾸준히 「소공성」 교육을 받았으니까 방법은 잘 아실 것 같네요. 상담을 마치려고 합니다. 소감을 알려주세요."

나팀장: "평소와 다른 수미씨의 행동과 말에 많이 놀라고 오해를 했었어요. 그런데 상담을 통해 그 답을 알아서 명쾌해졌어요."

신대리: "내가 모르는 '나'로 인해 고민이 많았는데 알게 되어 다행이에요. 그리고 제가 스스로 할 수 있는 감정 조절 방법은 없나요?"

상담사: "있습니다. 스스로 감정을 알아차릴 수 있도록 묻고 공감해주면 좋습니다. 언제든지 부정적이고 불편한 감정이 들면 스스로에게 물어보면 좋습니다. 마치 내가 내 안의 감정이라는 친구에게 말하듯이요."

신대리: "그러면 제가 수영복 같이 사러가는 게 창피하게 느껴질 때 어떻게 말하면 되지요?"

상담사: "직접 한번 해보면 좋겠네요. 제가 수미씨가 되고 수미씨는 '감정이라는 친구'라고 가정하고 시연을 한번 해보죠. 질문하는 데 답을 하시면 됩니다."

신대리: "네."

상담사: "강모씨와 함께 수영복 사러가기로 했는데 기분이 어때?"

신대리: "많이 창피해."

상담사: "왜 그렇게 창피한데?"

신대리: "마치 알몸을 보여주는 것 같아서."

상담사: "그래서 창피하구나(공감). 처음에는 왜 함께 가자고 했니?"

신대리: "그때는 강모씨도 수영복과 수경을 산다고 해서 겸사겸사 함께 사면 될 것 같았어."

상담사: "그때는 창피하지 않았어?"

신대리: "응, 그때는 함께한다는 것 자체가 좋았어."

상담사: "그럼 지금도 함께 데이트 하면서 물건을 사는 정도로 생각하면 안 될까?"

신대리: "그럴 수도 있어. 그런데 수영복은 조금 창피해."

상담사: "수영장에 가면 어차피 다른 사람들이 볼 것 아니니?"

신대리: "그렇기는 해!"

상담사: "지금 느낌은 어떠세요?"

신대리: "'그래서 창피하구나'라고 공감해주는데 창피한 감정이 많이 해소되었어요. 그 다음에는 다른 생각들도 조금씩 수용이 되는 것 같았어요."

나팀장: "우와! 이렇게 스스로 감정을 인식하고 표현하고 공감하면 어느 정도 조절도 되는군요!"

상담사: "네, 언제든지 기분이 우리를 힘들게 할 때는 이렇게 '감정이라는 친구'와 대화를 하고 공감해주면 좋습니다.

상담을 마친 후, 둘은 오랜만에 즐거운 데이트를 즐기게 되었다.

요약

1) 요동치는 감정
- 여성은 '생리 전 증후군 혹은 월경 전 증후군'이 있을 때 힘들어 한다.
- 생리작용을 위해 분비되는 호르몬 변화로 인해 생기는 증후군이다.
- 약 200여 가지의 정신과 신체상의 불편한 증상이 나타나게 된다고 한다.

2) 생리 전 증후군 혹은 월경 전 증후군 대처 방법
- 본인 : 상황을 알린다. 안정을 취하는 방법을 간구한다. 몸 상태를 조절한다.
- 상대 : 힘든 마음을 공감해준다.

04 맺는 이야기

나팀장과 신대리가 소개받은 지도 벌써 1년이 넘어가고 있었다. 그동안 오해도 많았고 그로 인한 갈등으로 헤어질 위기도 있었다. 그때마다 교육과 상담을 통해 올바른 방법을 배워서 잘 극복해왔다.

이러한 과정을 통해 소통하고 공감하는 지혜와 능력이 생겼다. 특히 어려운 상황을 만났을 때 공감이 큰 힘을 발휘하는 것을 경험했다. 공감은 성공적이고 행복한 삶을 살아가는 데 없어서는 안 되는 능력이었다. 그뿐 아니라 관계를 풀어가고 치료하는 기적의 약이었다.

두 사람은 상대방 중심의 철학이 점점 습관화되기 시작했다. 그래서인지 먼저 상대를 존중해주고 공감을 하게 되었다. 그리고 서로를 도와주고 필요할 때 의지하는 관계가 되었다. 마음 문이 열리고 친밀해지니 진정으로 상대를 사랑하는 마음도 생기기 시작했다. 친구라는 따뜻한 감정을 넘어 서로를 사랑하는 연인이라는 생각이 들었다. 결혼은 하지 않았지만 이미 둘은 한 방향으로 바라보며 나아가고 있었다.

인사이동

박사연씨는 어머님을 요양원에 모신 이후로 많이 자유로워졌다. 팀원들은 박사연씨가 자기만 생각하는 이기주의이고 뺀질이인 줄 알았다. 그런데 언제부터인가 필요할 때는 야근도 하고 어려운 직원들에게도 도움을 주었다. 그리고 말 없이 자기 업무를 충실하게 잘 해나가는 모습에 서서히 신뢰하게 되었다. 말이 없을 뿐이지 속이 깊고 실력도 뛰어난 박사연씨를 팀원들은 점점 좋아하기 시작했다.

신대리는 1년 전 새로운 시장 개척을 위해 만들어진 팀소속이었다. 실수와 잘못이 있었다. 하지만 나름대로 노력한 덕분에 개척한 시장도 점점 성과를 보이기 시작했다. 회사에서는 기존에 개척한 시장 외에 다른 시장을 개척하는 팀을 구성하기로 했다. 꾸준히 그 팀에서 중요한 역할을 한 신대리의 의견을 물어보기로 했다.

인사부장이 신대리와 면담을 했다.

"신대리, 그동안 수고 많았어."

"감사합니다."

"이번에 새로운 팀을 구성해서 다른 시장을 개척하기로 했어."

"네, 잘되었네요."

"신대리는 새롭게 구성하는 팀에 합류할 생각이 있나? 특히 빅데이터 분석이 필요해서. 그리고 함께 할 팀원을 추천해주면 좋을 것 같아서."

"아! 네, 장과장님의 생각은 들어보셨어요?"

"음, 장과장은 지금 개척한 시장 영업을 위해서 남아있기로 했어. 새로운 팀은 다른 영업팀장을 배정했어."

"그러시군요. 저는 새로운 팀에 합류하고 싶어요. 그런데 데이터 분석에서 영업으로 보직을 바꾸고 싶어요."

"왜? 의외네. 신대리는 분석을 잘하고 좋아하는 줄 알았는데."

"네, 부장님! 분석한 일이 실제 현장에서 어떻게 적용되는지 알고 싶었어요. 그리고 그동안 소통하고 공감하는 교육을 받아왔어요. 그래서 영업에서 그 능력을 발휘해보고 싶어요.

"그래! 괜찮은 생각이네. 그럼 누가 빅데이터 분석을 하지?"

"지금까지 제 일을 도와주었던 박사연씨에게 맡기면 될 것 같아요. 어쩌면 차분하고 과묵해서 저보다 더 잘하리라 생각합니다."

"그래? 박사연씨라… 흠. 근데 그 친구가 입사한지 얼마나 되었지?"

"올해로 4년째인 것으로 알고 있어요."

"흠, 진급할 때도 되었네. 그런데 다른 팀원들과 잘 어울리지도 않고 필요할 때 함께 일하지도 않는다고 하던데….'

"네, 사정이 있었어요. 홀어머님이 병원에 입원해 있어서 병간호하느라고 못했어요. 지금은 퇴원하시고 요양원에 계셔서 많이 자유로워졌어요. 말이 없을 뿐이지 일도 잘하고 은근히 속정도 깊어서 팀원들도 좋아하고 있어요."

"그래! 그런 사정이 있었구만. 잘 알았어요. 일단 신대리는 새로운 팀에 합류하는 것에 동의한 것으로 이해할게. 보직은 인사위원회에서 상의해서 결정할 사항이라 뭐라 말할 수 없어요. 일단 참작은 할게."

"네, 감사합니다."

진급과 결혼

신대리가 인사부장과 면담 후 한 달이 지났다. 어느 날 출근해서 보니 회사 게시판에 낳은 직원들이 몰려 있었다. 무슨 일인가 가서보니 새로운 시장 개척팀(개척2팀) 구성과 인사와 진급 이동이 개제되어 있었다. 새롭게 구성된 시장 개척팀에는 박사연씨와 신대리가 포함되어있었다. 그리고 '축하 란'에 두 개의 반가운 소식이 있었다.

진급 : 박사연(개척2팀) 3월 1일부로 대리 진급
결혼 : 신수미대리 3월 21일(토요일 오후1시)

박사연은 한걸음에 신대리에게 달려갔다.

"결혼 축하합니다."

"고마워요. 박사연씨도 진급 축하해요."

"신대리님이 도와주셔서 이렇게 진급도 하게 되었네요. 고맙습니다."

"고맙기는요. 박사연씨가 열심히 일하신 결과이지요."

"어려울 때 신대리님이 이해해주시고 격려해주셔서 지금까지 견딜 수 있었어요. 정말 고맙습니다. 그리고 제 업무가 빅데이터 분석이던데요 신대리님과 함께 하는 건가요?"

"아니요. 이제 빅데이터 분석은 박사연씨 담당이에요."

"그래요? 저 혼자 하기에는 좀 힘들 것 같은데요."

"지금까지 잘 해왔잖아요. 저보다도 더 꼼꼼하고 분석능력이 뛰어나서 잘 해나갈 것으로 믿어요."

"아닙니다. 신대리님이 훨씬 더 뛰어나시죠. 저는 다만 보조하는 역할만 했는데요. 그럼 신대리님은 무슨 일을 맡으실 건가요?"

"시장 개척 영업 일을 맡기로 했어요. 전부터 원하던 일이었어요."

"왜 영업을 하고 싶으세요?"

"네, 분석한 일이 실제 현장에서 어떻게 적용되는지 알고 싶었어요. 그리고 소통하고 공감하는 교육을 약 1년 동안 받아왔어요. 그래서 사람하고 관계하는 영업을 할 자신감도 생겨서 지원했어요."

"그러시군요. 소통하고 공감하는 교육을 받으셨군요. 저도 필요한 교육인 것 같아요. 나중에 어떤 교육인지 알려주세요."

"네. 그래요."

"이렇게 같은 부서가 돼서 너무 좋아요."

"저도 그래요."

이렇게 둘은 함께 감사하는 마음을 나누었다.

Good & Bad

「소공성」교육은 '한 주간의 좋았던 일과 나빴던 일'(Good & Bad)을 나누면서 시작을 한다. 그날도 교육을 시작하면서 참가자들이 한 주간의 일들을 나누었다. 신대리 차례가 왔다. 신대리는 '감사하다', '기쁘다', '슬프다'라는 감정 카드를 골랐다.

"저는 그동안「소공성」교육을 통해 내면도 단단해지고 공감 능력도 향상되었습니다. 그리고 많은 갈등과 어려운 문제도 잘 해결할 수 있었습니다. 특히 회사에서나 데이트나 친구들 관계에서 어려웠던 관계를 원만한 관계로 만들 수 있어서 감사했습니다. 그리고 드디어 결혼 날짜를 잡아서 기쁩니다."

갑자기 참석자들이 "와"하면서 축하해주었다.

"정말 감사하고 기쁩니다. 그런데 결혼해서 동생들과 엄마를 떠나려고 하니 많이 슬프네요."

강사를 비롯한 참가자 모두가 두 사람을 축복해주었다.

까칠하고 고집 센 두 사람이 교육을 통해 친밀해지고 사랑이 자라 결혼하는 모습에 흐뭇해했다. 소통과 공감 능력이 얼마나 중요한가를 알게 되었다. 그리고 그들이 갈등과 어려움을 그동안 잘 극복하고 훈련되었기에 행복하리라는 믿음도 생겼다.

부록 : 「소공성」교육 소개

1. 「소공성」교육이란?

「소공성」교육은 원활한 소통과 공감 능력 향상으로 상담자들이 친밀하고 건강한 관계를 형성하도록 돕는 교육입니다. 교육을 통해 자존감을 향상하는 법과 일상생활에서 일어나는 여러 감정을 조절하는 법을 배우게 됩니다. 상담자가 마음에 있는 상처를 극복하여 성공적이고 행복한 삶을 살아가도록 하는 데 목표를 두고 있습니다.

① 카카오톡에 소개된 소공성

카카오톡에서 "소공성"을 검색하시면 소공성에 대한 자세한 내용을 보실 수 있습니다. 소공성 회원가입, 소공싱 교육 일정과 신청 및 등록, 책 소개, 소통과 공감 코칭 편지, 유튜브 방송 소개, 친구 소개 기능 등이 있습니다.

② 유튜브 방송(www.youtube.com)

유튜브에서 "소공성'을 검색하시면 「소공성 마음 표현과 감정 조절」 방송을 보실 수 있습니다. 2주에 한 번씩 2개의 교육 동영상을 올립니다. 하나는 「사례에 대한 마음표현 교육」, 다른 하나는 「사례에 대한 감정 조절 교육」입니다.

2. 심볼의 의미

듣기와 말하기의 균형을 바탕으로 한 조화로운 소통을 통해 성공적인 인생을 만들어갈 수 있음을 표현했습니다.

3. 교육 진행 방식

나눔 − 강의 − 토론과 워크숍 − 소감발표

4. 교육 커리큘럼

「소공성」 교육 커리큘럼은 소통과 공감의 전반적인 주제를 다루는 〈소공성 교육〉과 현대인의 마음, 즉 감정 조절에 대한 주제를 구체적으로 다루는 〈감정 조절 교육〉으로 나눕니다. 다음은 소공성 교육 커리큘럼을 한눈에 볼 수 있도록 정리한 표입니다.

소공성 교육

	섹션1	섹션2	섹션3
교육 주제	잔소리를 사랑의 말로	어려운 대화를 풀어가는 공감의 지혜	마음지키기 (감정 조절)
1주	친밀감 형성과 오리엔테이션	소통과 공감기술과 오리엔테이션	정서지능과 오리엔테이션
2주	친밀감 형성을 위한 「소통과 공감 카드」 게임	자기 자신을 알아가는 워크숍	효과적인 감정 조절
3주	소통과 공감 기술	심리적 노예상태 벗어나기	감정 진정시키기
4주	공감을 잘하려면	어려운 대화를 풀어가는 공감의 지혜	감정 조절의 단계별 전략
5주	소통과 공감 연습과 훈련	비난에 대한 올바른 이해	비합리적 사고
6주	함께 살아가는 역지사지	비난의 화살 피해가기	걱정 졸업하기
7주	영혼을 위한 초콜릿, 칭찬	경계선 정하기	마음의 상처 치유
8주	실수 대처하기	거절에도 왕도가 있다	존재에 대한 부정적인 시각, 수치심
9주	마음의 선물 나누기	마음의 선물 나누기	마음의 선물 나누기

감정 조절 교육

교육 주제	섹션1 분노 조절	섹션2 불안과 걱정 졸업하기	섹션3 우울증 극복하기	섹션4 자존감 향상	섹션5 ADHD 아동행동 치료	섹션6 성격장애 이해하기
1주	화의 진실과 오리엔 테이션	걱정 졸업하 기와 오리엔 테이션	우울증에 관하여 신경 회로와 화학 물질	자존감이 란?	ADHD에 대 해 알아야 할 진실	강박적 성격장애
2주	분노는 나의 선택이다	불안과 걱정 대처방안	우울증의 큰 증상인 불안과 걱정	자존감을 높이기 위해 극복해야 할 것들	효과적이고 부작용 없는 훈육법	회피성 성격장애
3주	분노의 자극 과 반응 찾아내기	되새김의 덫에서 빠져나오기	습관회로 고치기	비난 극복하기	표적행동 17 가지와 행동 수정 목표	의존성 성격장애
4주	당위적 기대 를 소망적, 융통적 기대 로 바꾸자	완벽주의 벗어나기	스트레스회 로 고치기	자존감을 높 이기 위해 버려야할 마 음 습관	부모의 역할훈련	수동 공격형 성격장애
5주	착각과 사실을 확인하라	비판에 대한 두려움 탈출	사회관계회 로 고치기	자존감을 높 이기 위한 실천 방안		자기애성 성격장애
6주		회피성향 극복하기	기억회로 고 치기 상담과 약물치료	마음의 근육 키우기		반사회성 성격장애
7주		망설이는 습관 고치기				연극성 성격장애
8주						경계성 성격장애
9주						편집성 성격장애
10주						분열성 성격장애

신대리의 소공성

2020년 10월 19일 초판 1쇄 발행
2021년 5월 10일 초판 2쇄 발행

지 은 이 | 이정현 장혁란

편   집 | 김수홍 권오광
디 자 인 | 사라박
일 러 스 트 | 허지혜
펴 낸 곳 | 도서출판 하영인
등   록 | 제504-2019-000001호
주   소 | 포항시 북구 삼흥로411
전   화 | 054) 270-1018
홈 페 이 지 | https://blog.naver.com/navhayoungin
인스타그램 | https://www.instagram.com/hayoungin7
이 메 일 | hayoungin814@gmail.com

ISBN 979-11-971556-0-4(03180)

값 16,000원